수도권 단독·전원주택 지도

입지 분석 전문가가 직접 답사한 임장 리포트

수도권 단독·전원 주택 지도

홍진광(찍사홍) 지음

위즈덤하우스

저자의 말

계약 0건, 하지만 늘 진심이었다

나는 한때 단독·전원주택 전문 부동산을 운영했다. 스스로 단독주택을 짓고 살며 쌓은 경험치로 전문성을 발휘해보자는 요량이었다. 처음엔 즐거웠다. 단독주택에 살면 이런 게 좋고, 이런 점은 조심해야 하고… 손님과 이런저런 수다를 떠느라 시간 가는 줄 몰랐다.

하지만 내 안색은 점점 어두워졌다. 시간이 흘러도 도무지 계약이 성사되지 않아서였다. 곰곰이 따져봤더니 문제는 손님 안내 방식에 있었다. 마을 입구에서부터 지나칠 정도로 세세한 정보를 풀었던 것도 그랬지만 더 큰 문제는 '너무 솔직하다'는 것이었다.

"어… 저라면 여긴 안 들어올 것 같아요. 집은 좋아도 입지가 영 아니네요."

이래서는 도무지 장사가 될 리 없었다. 적당히 양념도 치고 바람도 넣는 게 업자의 기본 소양이거늘, 손님이 좋아하건 말건 뻣뻣하게 서서 "솔직히 여긴 별로예요"라고 하니 누가 따라오겠나.

하지만 그건 내 진심이었다. 실제 매물로 나온 집이나 타운하우스의 입지가 영 좋지 않은 경우가 많았다. 공장과 창고 사이에 지은 집, 산꼭대기 빌라 숲 가운데 낀 집 등 내 기준에는 대부분 집터가 꽝이었다. 그런 곳은 손님을 데리고 들어갈 때부터 내색을 숨길 수가 없었다. "이 돈이면 차라리…"라는 말이 턱밑까지 치고 올라오는 걸 억지로 꾹꾹 눌러 참았으니 안 봐도 비디오 아닌가.

세상은 참 신기했다. 그런 말도 안 되는 입지의 집들이 돌아서면 완판, 완판. 거기다 2차, 3차까지 그 옆에 계속 지어진다니. 아니, 정말 그렇게 모를까? 업자의 화려한 언변에 덜컥, 번쩍번쩍한 인테리어에 덜컥, 대기업 것이라 덜컥, 급하게 깎아줘서 덜컥, 그렇게 다들 계약서에 사인을 참 쉽게 하는 것 같았다.

나는 어렵게 가는데 왜 저쪽은 늘 쉬울까? 한참 고민했다. 결국 '내가 부동산업을 계속하는 이상 사람들에게 진심을 말한들 전혀 통하지 않는다'라고 판단했다. 그 길로 간판을 내렸고 돌아보니 어느새 유튜버가 돼 있었다. 그리고 이제야 속 시원하게 사람들에게 내 진심을 이야기하고 있다. 여기 이 자리를 빌려 다시 한번 혼신을 다해 외치겠다.

"바보야, 문제는 집이 아니라 입지야!"

모두가 집의 외관과 인테리어만 이야기한다. 구조가 어떻고, 자재가 어떻고… 물론 중요하다. 하지만 더 중요한 것은 따로 있다. 바로 그 집이 들어선 '입지', '마을 그 자체'다.

만일 당신이 단독주택을 매매했는데 불행히도 하자가 발견됐다면? 계약서대로 보수하거나 정 안 되면 다시 지을 수 있다. 하지만 그 땅, 입지 자체를 잘못 잡았다면? 둘 중 하나다. 억지로 견디며 살거나, 손해 보고 넘기거나. 생각만 해도 아찔하다. 잘못된 점을 발견해도 뭘 어떻게 해볼 방도가 전혀 없다니. 나 혼자 힘으로 상황을 개선할 가능성이 아예 0이라니. 이렇게 무서운 것이 입지다. 입지는 부동산의 본질이다.

이 책은 총 3부로 구성됐다.

1부는 내가 어떻게 주거 독립을 이뤄냈는지 그 구구절절한 사연과 초심자에게 도움이 될 '꿀팁'을 수록했다.

2부는 대한민국 어디에서도 구체적인 정보를 얻기 힘든 단독·전원주택 입지에 관해 생생한 답사기를 풀어보았다. 총 42개 수도권 단독·전원마을을 실었는데, 모두 차를 타고, 걸어서 직접 돌아본 다음 각각의 핵심 정보와 개인적으로 생각하는 장단점 등을 담았다(이후 진행한 답사는 유튜브 〈찍사홍〉 채널에서 볼 수 있다).

3부는 20문 20답 Q&A다. 단독·전원주택 초심자들이 가장 궁금해하는 내용을 엄선했다. 여기서 부동산 입지에 관한 궁금증을 해결할 뿐만 아니라 살면서 가졌던 단독·전원생활의 편견들을 와장창 깨트릴 수 있길 기대한다.

모쪼록 이 보잘것없는 책 한 권이 나와 닮은 누군가의 생각을 키우는 데 작은 도움이 되길 바란다. 부디 여기 쓰인 종이들이 아까워 '나무야, 미안해' 하는 일만은 없길, 시간이 훌쩍 흐른 어느 날 이 책을 쓴 순간을 우연히 돌이켜보고 '아, 이때도 역시 진심이었지'라고 고개를 끄덕이길, 오직 그럴 수 있길 바란다.

주거 독립 만세!

2023년, 사랑하는 아내 예진과 딸 지율에게 이 책을 바침.

차례

2부 최초 공개! 단독·전원마을 입지 분석

3부 임장부터 계약까지, 핵심만 엄선한 20문 20답 Q&A

나의 주거 독립 이야기

나는 왜 단독주택을 선택했나?

우리 집이 깡통 전세라니

신혼집은 마포였다. 오래된 복도식 아파트였는데, 베란다 창틀이 나무여서 비가 오면 곰팡이가 피어 창문이 잘 열리지 않는 곳이었다. 천장 수평이 맞지 않아 에어컨에서 물이 뚝뚝 떨어졌다. 또 현관 바로 앞에 엘리베이터가 있어 사람들 들락거리는 소리에 만성 수면 부족까지. 혹시라도 누가 놀러 오면 자고 가라는 말조차 꺼내기 힘든 그런 집이었다.

이래저래 불만이 쌓여가던 어느 날 드디어 일이 터졌다. 부모님의 철물점을 맡아 운영하던 시기였다. 퇴근하고 집에 도착해 온종일 함께한 허름한 용달차에서 내려 엘리베이터를 기다릴 때면 내 작업복은 땀내와 먼지에 절어 있었다.

그날은 마침 딴생각이라도 했던 걸까, 엘리베이터 문이 열린 것을 미처 몰랐나 보다. '어라, 언제 왔지?'라고 생각하며 뒤늦게 안쪽으로 발을 내딛으려는 찰나, 엘리베이터 안에 있던 사람이 코를 막고 인상을 찌푸린 채 나를 쏘아보며 닫힘 버튼을 세차게 눌러대는 게 아닌가.

'어, 뭐지? 왜 사람이 타려는데 닫아?'라고 생각하는데 이미 엘리베이터 위 숫자는 2, 3, 4… 그날따라 더 빠르게 바뀌는 듯했다. 문득 서러워졌다. 행색이 초라하다고 무시하는 건가? 아니면 범죄자처럼 보인 거야? 이 작은 사건은 머릿속 깊이 각인됐고, 전세 만기 일자만 손꼽아 기다리게 됐다. 두고 봐라, 이놈의 아파트 당장 뜬다!

"자기야, 우리 집 깡통 전세래…."

만기를 몇 달 안 남긴 어느 날, 풀이 팍 죽어 모기만 한 목소리가 수화기 너머로 들려왔다. 아내였다. 부동산과 통화하다가 우리 집이 깡통 전세, 즉 전세가+대출액이 집값 총액의 70%를 넘는다는 이야기를 들었단다. 자칫 집값이 하락하거나 주인이 대출금을 못 갚으면 우리 전세금이 날아갈 수도. 그야말로 '멘붕'이었다.

"아니, 그런 이야기를 부동산에서 여태 왜 안 해줬대?"

아내에게 성을 내봤자 헛수고였다. 깡통 전세라는 단어 자체를 누가 설명해줘도 우리 둘 다 알아듣지 못했을 때니까. 가만, 생각해보니 비슷한 말을 들었던 것 같기도 했다.

"아, 경매 넘어갈 일은 없을 거야! 넘어가면 어때? 신혼이니까 열심히 일해서 그냥 사버리면 되지, 호호!"

기억났다. 이 집을 처음 계약할 때 중개인이 했던 말. 겨울바람이 매섭던 날, 아파트 주차장 앞에서 벌벌 떨면서 들어 잘 잊히지도 않던 바로 그 이야기. 순진하게도 '그래? 열심히 벌어서 그냥 사버리면 되는 건가?'라고 그 말 그대로 믿어버렸다. 불행 중 다행인지, 그 말은 새벽부터 밤까지 열심히 철물점 트럭을 몰며 돈을 모은 계기가 됐다. 그런데 뭐, 4년이나 지난 이제 와서 깡통? 우리 피 같은 보증금이 한 번에 날아갈 수 있다고?

우리가 단독주택을 선택한 이유

며칠 뒤, 퇴근길에 맥주 두 캔을 사 와 식탁 위에 올렸다. 아내가 따라 앉았다. 우리의 첫 번째 주거 비상대책회의가 시작된 것이다.

당시 우리는 살 집과 동시에 각각의 사업장도 필요했다. 아내는 업계에서 이름난 헤어 메이크업 아티스트였지만 더 이상 새벽 방송국이나 지방 행사를 따라다니기에는 체력, 육아 등으로 여건이 녹록지 않았다. 개업이든 뭐든 이른바 '독립'이 절실했던 상황. 나 역시 '언제까지 부모님 가게를 맡아 운영할 것인가'라는 고민이 늘 있었다. 오랫동안 가슴속에 품어온 적성을 따라 죽이 되든 밥이 되든 성큼성큼 나아가야 한다고 생각해왔다. "어려운 결정은 꼭 힘든 순간에 찾아온다"라는 말, 딱 우리 상황이었다.

맥주 두 캔이 다 비워질 즈음 열띤 토론도 끝났다. 아내는 메이크업 숍, 나는 사진관(스튜디오)으로 업종을 정했다. '전세금과 저축한 돈을 합쳐 집과 사업장, 한꺼번에 두 마리, 아니 세 마리 토끼를 잡자!'라는 정말이지 지금 생각해도 허무맹랑한 결론을 내렸다. 당시 제시된 여러 가지 안과 그에 대한 반응은 이랬다.

1. 돈을 추가해 다른 아파트 전세를 계약하고 창업을 포기한다.

→ 거기도 깡통 전세면 어쩌지? 됐고, 일단 아파트 자체가 싫어! 게다가 창업하기에는 딱 지금이 적기인데.

2. 경기 외곽의 구옥을 매매하고 월세로 창업한다.

→ 구옥 리모델링? 이봐, 해봤어? 게다가 월세로 창업은 죽어도 싫어!

3. 경기 외곽의 땅을 사서 집을 짓고 그 집 1층에 창업한다.

→ 제일 어려운 거네! 겁나긴 하지만… 그까짓 거 아버지도 했는데 못 할 게 뭐 있어?

그렇게 순식간에 단독주택을 짓기로 결정. 돌이켜보면 참 여러 가지 우연이 빚어낸 결론이었다. 그때 엘리베이터에서 나를 쏘아보며 닫힘 버튼을 탁탁탁 연타하던 사람이 없었더라면, 칼바람 속에서 울려 퍼지던 "사면 되지, 호호!"라는 중개인의 낭랑한 웃음소리가 없었더라면, 아내의 폴죽은 깡통 전세 멘트가 없었더라면, 그랬다면 어땠을까. 저 멀리 아무 연고도 없는 경기도 외곽에 땅을 사서 집을 짓는다? 그것도 30대 후반 부부와 세 살 아기가 살 신혼집을, 더욱이 사업장까지 한 번에? 웬만해선 상상조차 어렵지 않았을까.

시작은 지도부터

제2차 주거 비상대책회의

"집을 지으려면 땅이 있어야겠지? 일단 땅부터 알아보자! 그런데 어디 가서 뭘 어떻게 해?"

우리는 그야말로 몸만 어른이지 머리는 어린애였다. 에라 모르겠다, 일단 무작정 지도부터 꺼냈다. 다시 식탁에 올라온 맥주 두 캔. 제2차 비상대책회의가 시작됐다.

"일단 서울을 중심으로 동서남북을 그려보자고."

우리가 고를 지역은 경기도, 엄밀히 말해 수도권. 그러니 중심은 자연스럽게 서울이었다. 서울을 가운데에 두고 십자를 그었다. 그리고 그걸 다시 쪼갰다. 북동, 북서, 남동, 남서, 이렇게 네 가지 중에서 하나를 고르는 것이 땅을 선택하는 첫 번째 과정이었다.

주거 독립 역사의 첫 단추, 지도

입지를 이해하는 가장 좋은 방법은 지도와 친해지는 것이다. 의외로 '지도맹'인 사람이 참 많다. 혹시 내비게이션이 하는 말을 잘 듣는 편인가? 그렇다면 스스로 지도맹이 아닌지 의심해봐야 한다. 의심 없이 AI가 가라는 대로 따라가는 사람에게는 내비게이션이 알려주는 길 외에 다른 대안이 없다. 왜? 큰 그림, 지도 전체를 보지 못하니까.

아니, 지도랑 입지랑 대체 무슨 상관이냐고? 주변에 좋은 집터, 최고 수익률의 부동산을 선택한 사람이 있다면 그 양반 십중팔구 '지도 박사'일 가능성이 크다(동시에 지긋지긋하게 내비게이션 말을 안 듣는 사람일 가능성도!). 그만큼 '입지=지도'라고 해도 과언이 아니다.

하지만 당신이 지도맹이라고 해도 너무 걱정하지 마라. 지금부터 지도와 친해지는 방법을 소상히 알려주겠다. 이대로만 하면 좋은 입지를 고르는 것은 물론, 단독주택으로 이사를 끝낼 때까지 가족들과 하하, 호호 행복한 상상에 웃음꽃 지는 날 없을 것이다.

일단 인터넷에서 서울 전도가 나온 이미지를 찾는다. 그걸 인쇄하라. 프린터가 없다고? 그럼 빈 종이 가운데에 서울 모양을 대강 손으로 그리자. 그 뒤 서울 중심에 십자를 긋는다. 지방에 살 계획이라고? 그럼 현재 사는 집이 중심점이 돼도 좋고 살고 싶은 지역 대도시를 가운데에 둬도 괜찮다. 기준은 잡기 나름이다. 무조건 중앙에 십자만 그려라.

그다음 각 선분 끝에 동서남북을 적어두면 할 일 끝. 이제 함께 살 식구들을 불러 모으자. 오랜만에 만난 식구들, 이 엉뚱한 지도 한 장을 보고 의아해할 것이다. 묻고 따질 것도 없다. 일단 각자 펜부터 쥐여주고 지도를 고스톱 방향으로 돌리자. 그리고 이렇게 말하면 된다.

"지도 위에 각자 주요 생활 터전을 표시하세요."

일단 현재 사는 집부터 표시될 것이다. 부모 직장, 아이 학교, 조부모 복지관도 있으리라. 다 표시했다면 이제 동서남북 어느 지역의 땅을 찾는 편이 좋을지 가족들 의견을 죽 들어보자. 아마 쉽게 "여기다!" 하는 곳이 나오진 않을 것이다. 가족 수가 많을수록 시간도 더 길어질 테고. 하지만 인내심을 갖고 계속 파보자. 언젠가는 모두가 동의하는 그 위치가 반드시 나타날 것이다.

감히 말하건대 이 과정은 주거 독립 역사의 첫 단추다. 이걸 건너뛰고 산으로 들로 혼자 백날 돌아다녀봐라. 헛수고인 것은 당연하고 부부 싸움, 가족 싸움까지 난다. 왜? 서로 살고 싶은 위치에 관한 합의가 전혀 없었으니까! 우리가 찾는 것은 땅이다. 집이 아니다. 대충 예산 맞는 곳만 찾아도 '평타' 이상은 먹고 들어가는 아파트가 아니라는 이야기다. 전원주택의 화려한 겉모습에 속아 업자 마진 좋은 자리에 덜컥 도장 찍는 경우, 대체 얼마나 많던가!

대부분은 태어나서 한 번도 자기가 살 땅을 골라본 적이 없을 것이다. 이제껏 누군가가 골라놓은 자리, 지어놓은 집에 들어가 살아왔으니까. 그래서 지금이 가장 중요한 순간이라는 것이다. 누가 뭐래도 부동산의 8할은 입지다. 이 어설픈 밑그림 한 장이 모든 가족

구성원의 행복에 가장 큰 지분을 차지하리라 장담한다. 늦어도 좋다. 각자의 템포로 한 발 한 발 신중하게 내딛자. 그리고 잊지 말자. 주거 독립 역사의 첫 페이지는 누가 뭐래도 당신이 직접 그린 엉뚱한 지도라는 것을!

제2차 비상대책회의의 결론은?

"수도권 북서부로 하자. 거기가 우리에게 베스트야!"

맥주 두 캔을 언제 비웠는지 모를 정도로 오랜 시간이 흐른 뒤였다, 저 멘트가 우리 입에서 동시에 튀어나왔던 것은. 토지 가격, 추후 아내와 내 사업의 고객 수요, 친숙함, 한적함, 감성, 주관적인 호불호… 모든 것을 고려했다. 그다음 조건에 맞는 지역을 지도에 동그랗게 표시. 그랬더니 자연스럽게 현실적인 가격대로 지역이 세분화됐다.

"그럼 이쯤에서 여기 정도겠네. 내일부터 당장 찾아보자고!"

종이 위에 동그라미만 표시했을 뿐인데 마음은 이미 하늘로 날아가버렸다. 마치 동그라미 안이 다 우리 땅이고 벌써 그 위에 우리 집이 다 지어진 것처럼. 아하, 인간의 상상력이란! (어라? 슬쩍 보이는 아내 얼굴에도 벌써 함박웃음이?)

꿀팁: 살고 싶은 지역 현명하게 선택하기

1. 지도를 출력한다.
2. 서울(지방이라면 현재 사는 지역 혹은 살고 싶은 지역의 대도시)을 중심에 두고 십자를 그린 뒤 각 선분 끝에 동서남북을 쓴다.
3. 가족과 함께 지도를 보고 돌아가며 각자 주요 생활 터전을 지도에 표시한다.
4. 동서남북 중 어느 지역을 선택하는 게 좋을지 가족과 충분히 대화한다.

땅은 하늘이 내려주신다

최신 기술로 지역 탐색하기

후보 지역을 정하고 우리가 가장 먼저 한 일은? 놀라지 마라. 그냥 시간 날 때마다 경기 북서부 지역을 차로 하염없이 맴도는 것, 그게 전부였다. 참으로 무식하고 미련했다. 딱히 뭘 알려주는 곳도 없었고, 배울 생각도 못했으니 어쩌면 당연지사. 딸아이가 세 살 무렵이었는데, 서너 시간 아이를 차에 태우고 뱅글뱅글 돌면 차 안은 그야말로 전쟁터가 따로 없었다. 아이는 울고불고, 부모는 계속 다그치고… 어떨 때는 다 내려놓고 나도 아내도 그냥 아이 따라 울고 싶을 정도였다.

세상에 쉬운 일이 어디 있겠나 싶었지만, 돌이켜보면 완벽한 시간 낭비였다. 별다른 수확 하나 없이 길바닥에 기름만 뿌렸다고 할까.

현장 분위기를 본다고? 그것도 차 안에서? '어벤져스'가 아닌 이상 쌩하고 빠르게 스쳐 지나간 마을을 결코 자세히 알 수 없지.

이대로는 안 되겠다 싶었다. 시간 낭비 돈 낭비도 문제지만, 주말마다 온 가족이 차에 갇혀 이게 웬 생고생이람! 그래서 찾아낸 대안이 '네이버 거리뷰'였다. 이렇게 하염없이 돌아다닐 게 아니라 마을 몇 곳을 추려서 집중적으로 탐색해보자. 요즘 뜬다는 최신 인터넷 기술도 한번 이용해보고(당시 우리 부부는 내로라하는 아날로그 추종자, 즉 '컴맹'이었다)!

뿌듯했다. 여기까지 생각해내다니, 스스로 바보는 아니구나 싶었다. 비록 온라인 게임 중독자처럼 24시간 모니터 앞 붙박이 신세가 돼버렸지만 그 과정 자체는 무척이나 즐거웠다. 온종일 드라이브하듯 네이버 거리뷰를 쏘다니며 "이야, 이건 신이 주신 선물이야!"를 외쳤으니까. 그렇게 수십 일을 컴퓨터 앞에서 광클, 광클, 광클! 손가락은 벌에 쏘인 것처럼 아팠고, 시야각은 네이버 거리뷰처럼 점점 좁아져만 갔다.

마침내 찾은 땅

그러던 어느 날 마침내 마을 하나가 눈에 확 들어왔다. 유명 관광지 앞, 초등학교를 품은 전원마을.

"여기 많이 비쌀까? 그래도 어렵게 찾았는데 일단 한번 가봐?"

아내는 당장 쓰러져도 이상하지 않을 퀭한 눈의 남편이 불쌍했는지 듣자마자 힘차게 고개를 끄덕였다. 그렇게 우리의 본답사가 시작됐다. 주거 독립을 결심한 지 얼추 한 달여 만의 일이었다.

그 뒤로도 네이버 거리뷰를 활용한 가답사와 본답사가 수없이 이어졌고 최종으로 우리 땅을 얻기까지 약 4개월이 더 걸렸다. 처음 꽂힌 땅은 결정적인 순간 주인이 마음을 바꿨다. 두 번째 땅은 하염없이 시간만 질질 끌다 말았다. 세 번째 땅? 이번에도 하늘은 쉽게 허락하지 않았다. 주인이 팔까 말까 망설이길 수차례, 결국 또 거래 취소! 허탈감이 반복됐다. 이러다 땅을 찾기는커녕 우리가 먼저 탈진하지 싶었다.

바로 그 무렵이었다. 주위를 돌아보니 우리보다 더 열을 올리는 사람이 옆에 있다는 것을 느꼈는데, 그때까지 이 모든 과정을 쭉 함께 진행한 부동산 중개인이었다(이래서 부동산은 한 곳만 파야 한다. 예상 밖의 든든한 조력자가 돼주니까). 업자 특유의 오기라도 발동했던 것일까, 마지막 순간 거래가 취소된 땅의 바로 옆 땅 주인을 구워삶아 우여곡절 거래를 이끌어냈다.

"됐어요. 지금 당장 계약금 넣어요!"

전화기 너머 들뜬 목소리가 아직도 잊히지 않는다. 손을 떨며 폰뱅킹으로 계약금 입금 완료. 그렇게 천신만고 끝에 하늘은 우리에게 조그만 땅뙈기를 하사하셨다. 지금 깔고 앉은 게 바로 그때 그 땅이다. 휴!

꿀팁: 관심 있는 지역 답사하기

1. 가답사로 네이버 거리뷰를 활용해 관심 있는 동네의 분위기를 살펴보고 본답사로 직접 방문한다.
2. 부동산은 한번 결정했으면 끝까지 믿고 가는 편이 좋다. 내 사례처럼 책임감 있는 모습을 보여주기 때문이기도 하지만 더 중요한 이유는 따로 있다. 이 부분은 3부(Q19. 부동산과 어떻게 소통해야 할까?)에서 자세히 다뤘다.

마음대로 못 고르는 게 이웃

꿀 좀 바르라고요?

집 짓기는 순조로웠다. 땅 고르기의 반의 반도 품이 안 들었다고나 할까. 원하던 설계사, 시공사를 만났고 예산에 맞춰 아담한 집이 층층이 올라갔다. 이대로 모든 게 잘 끝나려나? 드디어 행복한 전원생활을 즐기는 일만 남은 건가? 어느 날, 전화벨이 요란하게 울려 퍼졌다. 현장 소장이었다.

"큰일 났어요. 어떤 미친 사람이, 잠 좀 자자고 고래고래 난리도 아니에요!"

아, 이게 텃세인가? 이러다간 살기도 전에 찍히겠는데…. 겁이 덜컥 났다. 조치가 필요했다. 그때 옆에서 설계사가 건넨 한마디.

"저기… 꿀 좀 바르세요!"

이웃을 갈무리하라

혹시 "집은 마음대로 골라도, 이웃은 마음대로 못 고른다"라는 말, 들어봤는가? 이웃의 중요성은 백문이 불여일견이다. 여러 번 진득하게 답사를 다녀봤다면 알 것이다. 어떤 동네는 작은 인기척으로도 여기저기서 멍멍 왈왈 떼창에 그 일대가 개들의 콘서트장이 돼버리는가 하면, 하루가 멀다 하고 피워대는 바비큐 연기에 창문 열기 무서운 동네도 있고, 무슨 일가친척이 그렇게나 많은지 주말마다 벌어지는 노래자랑에 여기가 주택가인지 야시장인지 헷갈리는 동네마저 있다.

그래서 현장 답사를 적극 권하는 것이다. 이미 이웃이 형성된 곳이라면 나와 상성이 맞을지, 밤낮으로 세심한 관찰이 필요하다. 아직 이웃이 많지 않다면 좀 낫다. 조금씩 어르고 달래서 함께 규칙을 만들어가면 되니까.

마을 전체를 아우르는 자치회가 존재하는지 여부도 꼭 확인하자. 혼자 처리하기 힘든 골치 아픈 민원을 자치회에서 알아서 해결해주면 아무래도 스트레스가 덜하다. 이런 마을은 쓰레기 처리부터 안전시설물 설치까지 공동주택의 장점을 빌려와 편리하다는 의견이 많다. 하지만 요즘은 동네 주민과 섞이는 것 자체를 싫어하는 사람이 늘고 있고, 마을 규약으로 대형견을 못 키우게 하는 것처럼 간섭이 조금 지나친 곳도 있으니 주의.

주변 파악이 다 끝났다고? 원하는 자리를 찾아 이제 막 집을 짓게

됐다고? 그렇다고 끝이 아니다. 이때부터 이웃과 함께 어울릴 준비, 다른 말로 '민원 원천 봉쇄 작업'이 시작된다. 가장 먼저 '우리 집 공사로 주변에 민폐를 끼쳐 죄송하다'라는 뜻의 가벼운 인사를 권한다. 부부가 함께 다니면 더 좋다. 진심이 느껴지니까. 이때 서로 부담 없는 선물을 준비해 가는 것도 괜찮다.

정 시간이 안 난다면 손 편지를 쓰는 것도 방법이다. 좌우지간 어떻게든 함께할 이웃으로서 최소한의 성의를 보여주자. 이렇게 일단 꿀을 발라두면 노력에 비해 얻는 게 참 많다. 안면도 트고, 공사 민원도 막고, 코드 맞는 이웃도 만들고, 여러 가지 동네 정보도 얻고. 일석삼사오륙조다!

꿀팁: 이웃에게 꿀 바르기

1. 마을을 살펴볼 때 어떤 이웃이 살고 있는지를 파악한다.
2. 민원을 해결하고 마을 규칙을 제정하는 자치회가 존재하는지 알아본다.
3. 살 지역을 정했다면 공사 전에 이웃에게 가벼운 인사를 다닌다. 이때 부담 없는 선물을 준비하거나 손 편지를 작성하는 것도 좋다.

주거 독립, 그 이후는?

집들이가 남긴 상처

"우아, 진짜 동화 속에 나오는 집 같다!"

집들이 때 손님들 모두가 이구동성으로 했던 말이다. 처음에는 그 말이 그렇게 달콤할 수가 없었다. 하지만 시간이 지나 깨달았다, 감탄사는 대부분 진심이 아니었다는 것을. 구성 비율로 따지자면 칭찬 50%, 어떤 말 듣기를 기대하는 마음 50%? 그 어떤 말이란 대체 뭘까? 예를 들면 이런 것이다.

"아니야, 얼마나 관리하기 힘든데. 난방비는 또 얼마나 비싸고! 역시 아파트만큼 편한 게 없다니까?"

'그것 봐! 아파트가 좋다잖아. 역시 난 잘 살고 있다니까?'라고 생각하며 자기를 위안하려는 심리랄까. 사람들이 인스타그램에 빠져 있는 것과 같은 원리다. 허세 가득한 사진을 올리고 "어머, 부러워요!"라고 댓글이 달리면 자기 삶에 위로와 확신이 채워지는 것 같은 마음.

처음엔 진짜 몰랐다. "그래, 맞아. 단독이 얼마나 좋은데!"라고 하며 솔직하게 맞장구쳤다. 그럼 늘 대화가 길어졌다. 이상하게 뒤끝도 안 좋았고. "그래, 그런데 자세히 보니까 발코니가 별로네", "벌레 무서워서 문 어떻게 열어?", "사는 게 뭐 거의 '노가다'네. 안쓰럽다…" 등 듣는 쪽에선 하나같이 심드렁한 대답으로 마무리했다. 부모, 형제, 일가친척, 친구, 지인 할 것 없이 대부분 비슷했다. 그때마다 속마음은 이랬다.

'아니, 뭔데? 집 짓느라 고생했다고 축하해주기는커녕 진짜 기분 나쁘게!'

어느 날은 1층 마당에서 열심히 아기 사진을 찍고 있을 때였다(당시 1층에서 사진 스튜디오를 운영했다). 다 찍어갈 무렵, 아니나 다를까 이번에도 똑같은 대사가 귓전을 때렸다.

"어머, 집 너무 예뻐요. 부러워요!"

아기 사진 찍느라 진이 다 빠져서였을까, 거의 반사적으로 튀어나온 대답은 이전과 확연히 달랐다.

"아뇨, 아뇨! 관리하기 얼마나 힘들고 불편한데요. 매일매일이 노가다예요!"

그러자 신기한 일이 벌어졌다. 대화가 놀라울 정도로 짧아지는 것 아닌가. 서로 듣고 싶은 말 다 들었단 걸까? 오호, 사람들이 진짜로 듣고 싶었던 말은 이거였구나!

단독·전원주택에 산다는 것은 피곤한 일이다. 안 그래도 집 관리로 몸살약을 달고 사는 판에 남들 시선에서 자신을 보호하기까지 해야 한다니. 어쩌랴, 단독주택에 대한 사람들의 인상은 질투 반, 안쓰러움 반인 것을.

이렇게 '내가 손해 보는 멘트로 마무리 짓는 게 가장 깔끔하다'를 깨달은 것은 집 짓고 몇 년이 흐른 뒤였다. 나와 가족을 조금 더 안쓰럽고 불쌍하게 만드는 편이 모두가 해피엔딩이 되는 유일한 길이라고나 할까. 결국 우리 가족은 '카이저 소제' 버금가는 연기자가 됐다. 누가 집에 관해 물으면 그 앞에선 인상을 찌푸리고 푸념을 늘어놓다가도, 돌려보낸 뒤엔 꼭 끌어안고 조용히 미소 짓는다. 사실 우리 완전 행복한데!

'갈무리'는 '일을 처리하여 마무리하다'라는 뜻의 우리말이다. 손님을 맞고 난 뒤에는 나 자신을 그날 하루, 아니 며칠만이라도 이런 식으로 갈무리하자. 솔직하면 본인만 피곤해진다.

단지 정신적으로 위안을 얻는 것뿐만이 아니다. 단독·전원주택에 산다고 하면 사람들은 "마당 있는 집에 사는 것 보니 여유 있나 보네. 삼겹살, 물놀이, 텐트… 준비는 너희가 다 해줘. 우린 몸만 갈게!" 하고 금전적인 부담까지 서슴없이 지우곤 하니까. 그러니 당하고 싶지 않으면 피하라. 이렇게 사는 이상 남들에게는 '맨날 잡초 뽑느라 피곤하고, 집값 안 올라 불쌍한 사람'이 돼라. 잘 버는 장사꾼이 맨날 죽는 소리만 하는 이유도 아마 이와 비슷할 것이다.

집부터 사요, 돈부터 벌어요?

이 글을 쓰는 2023년, 단독주택에 산 지 10년째다. 좌충우돌 서툴던 전원생활은 어느새 뭘 해도 뚝딱뚝딱 손에 착착 감긴다.

"집부터 사요, 돈부터 벌어요?"

언젠가 사회 초년생 구독자가 물었던 질문이다. 참 어렵다. 모르긴 해도 머릿수만큼 많은 답이 있을 것이다. 그러니 누구도 확언할 수 없을 뿐만 아니라 그게 정답일 리는 더더욱 없다. 그리하여 내 대답은, "집부터 사세요"다. 그것도 웬만하면 단독주택으로.

어떻게든 집을 사면 일단 평생의 숙제인 주거를 해결했다는 안도감이 저 밑에 착 깔린다. 그래서 뭐든 도전하는 데 주저함이 없다. "까짓것, 잘 안 되면 뭐 어때? 나 집 있잖아!" 같은 말도 안 되는 '부심'이 무한동력처럼 나를 끊임없이 펌프질한다.

왜 하필 단독주택이냐? 땅에서 뿜어져 올라오는 힘, 하늘에서 내려받는 기운, 이 둘을 오롯이 느끼며 사는 게 진짜 사람의 삶이니까. 똑같이 하룻밤을 자도 단독주택과 아파트, 빌라는 출발부터 다르다. 단독주택에 살면 윗집 출근 소리에 깨는 게 아니라 햇빛에 발가락이 데워져 자연스레 눈이 떠진다. 과장이라고? 놀랄 것도 없다. 실제로 내 경험이니까. 상상만 해도 기분 좋아지지 않나? 하루를 이렇게 시작하면 회사를 가든 사업을 하든 첫 단추부터 술술 풀리는 느낌이 들 것이다. 하늘과 땅이 주는 에너지는 생각보다 무척 세다.

"에이, 무슨 우주 에너지가 밥 먹여주느냐?"는 반응도 이해한다.

그러니까 '내 경험'이라고 하지 않았나. 돈 먼저 벌려면 벌어라. 꼭 단독주택이 아니어도 된다. 하지만 내가 말한 삶을 어느 먼 외국이 아니라 여기 대한민국에서도 누릴 수 있다는 것을 알았으면 좋겠다. 단독주택에 살며 자연과 하나 되는, 에너지 넘치는 하루하루!

하나 더, 왜 꼭 서울에 살아야 하나? 우리에겐 랜선이 있다. 전국 방방곡곡, 아니 세계 곳곳을 실시간으로 연결하는 고마운 기술. 덕분에 어디에 살든 문제없다. 광역시든 지방이든 저 산간벽지든 본인 직업 여건만 잘 살피면 된다. 인터넷 활용도가 높을수록 살 수 있는 지역은 그만큼 더 넓어진다.

주변을 돌아보라. 지금도 수많은 사람이 매일 아침 아파트 시세에 울고 웃거나, 코인, 주식 단타 같은 불장에 갇혀 영원히 고통받지 않나. 현실이 이렇다면 그냥 마음 편히 단독주택에서 행복 에너지 담뿍 받으며 내 가족을 위해 소소한 밥벌이 하고 사는 것은 어떨까? 그것도 나름대로 성공한 인생 아닌가? 모쪼록 여기, 이미 그렇게 10년째 살고 있는 찍사홍이라는 사례가 있음을 꼭 기억해주길 바란다.

꿀팁: 다른 사람의 반응에 현명하게 대처하기

1. 주택에 산다고 하면 불편한 점을 먼저 꼬집는 사람에게 일일이 반박하지 말자.
2. 다른 사람의 지적에 적당히 대응하고 나와 가족을 지키자.

최초 공개!
단독·전원마을
입지 분석

단독·전원마을 입지 패턴 기초

단독·전원마을에도 패턴이 있다

답사를 꾸준히 반복하다 보니, 단독·전원마을에 일정한 패턴이 있음을 발견했다. 이것만 제대로 알아두면 생전 처음 가보는 동네라도 전혀 두렵거나 낯설지 않다. 지도만 봐도 패턴이 보이고 대략 예측이 가능하다. 유튜브에서도 공개하지 않은 비결이다.

각 마을의 성향을 이렇게 쉽게 막대그래프로 정리했다. 초록색은 흙, 자연을 의미한다. 회색은 인프라, 즉 교통, 교육, 의료, 문화 등 우리 생활에 꼭 필요한 시설물을 나타낸다. 이 책에서는 0부터 100까지 양쪽 비율에 따라 크게 세 가지로 마을의 패턴을 구분했고, 각 답

사지의 성격에 따라 그래프를 한눈에 알아보기 쉽게 표현했다.

나라마을

- **최초 분양:** LH
- **세대수:** 20~500세대로 다양하다.
- **특징:** 대지 크기가 평균 70~100평으로 분양 나온 땅 중 가장 작다. 바둑판처럼 반듯하게 나눠지고 주변이 온통 아파트라면 대부분 이 패턴. 가격은 가장 비싸다.
- **기반 시설:** 도시가스와 상수도가 갖춰져 있고 전기지중화(연식에 따라 다름)가 돼 있다. 단독·전원주택 최고의 베이스다. 자리가 조금 좋지 않아도 기반 시설 때문에 들어오는 경우가 많다. 모든 길이 국유지라 도로 지분을 신경 안 써도 된다.
- **인프라:** 주변에 없는 게 없는 황금 인프라. 보통 바로 옆에 아파트 단지(신도시)가 있어 웬만한 인프라를 공유한다. 심지어 초역세권 단독 필지도 생각보다 많다.
- **예시 지역:** 용인시 동백지구, 양주시 옥정동, 김포시 장기동 등이 있다.

민간마을

- **최초 분양:** 민간 시행사
- **세대수:** 10~60세대로 다양하다(대기업 타운하우스 제외).
- **특징:** 대지 크기가 평균 70~100평 또는 100~150평으로, 작은 곳은 작고 큰 곳은 크다. 보통 작은 마을(민간 타운하우스 위주)이 여럿 모여

큰 마을을 형성한다. 한번 단독주택 허가가 나면 주변에 연쇄적으로 주택이 들어서는 특성이 있어서다. 가격은 나라마을에 비해 상대적으로 싸다.

- **기반 시설:** LPG와 도시가스 반반으로 시내, 아파트와 가깝다고 무조건 도시가스가 아님에 주의하자. 마을 입구에 LPG 저장 탱크가 있는지 확인할 것. 또 마을 안에 전봇대가 보이면 전기지중화가 안 됐다는 뜻이다. 한편 아무리 마을이 작아도 상수도는 기본으로 깔려 있으니 안심해도 좋다.
- **인프라:** 생활 인프라는 '복불복'이다. 어떤 곳은 풍성하지만 어떤 곳은 흔한 편의점 하나 보이지 않는다. 이 패턴의 핵심은 대형 인프라로, 멀지 않은 곳에 A급 인프라가 모인 경우가 많다. 바로 그래서 건축 시행사가 이 자리를 택한 것이고 그 부분이 마케팅 포인트가 된다.
- **예시 지역:** 파주시 야당동, 오산시 세교동, 광주시 신현동·능평동 등이 있다.

점마을

- **최초 분양:** 민간 개발업자
- **세대수:** 1~5세대
- **특징:** 대지 크기는 70~100평. 흔히 '집 장사'라고 불리는 지역 개발업자가 만든 집촌이다. 도로 같은 내부 시설물은 크게 기대하지 말자. 가격은 가장 싸지만, 주변 미개발된 나대지보다는 비싸니 유의.
- **기반 시설:** LPG, 등유, 화목 보일러 등 다양하다. 전기는 물론, 지하수

를 뽑아 저장해 사용하는 곳도 많으니 상수도 여부까지 꼼꼼히 확인해야 한다.

- **인프라:** 저렴하고 경치 좋은 곳을 최우선으로 생각해 지은 곳이라 인프라가 매우 취약하다. 혹 여러 점마을이 모였다 해도 세대수는 절대적으로 부족해 주변에서 편의점 하나 찾기도 힘들다.
- **예시 지역:** 강화군, 양평군, 가평군 일부, 서산시 음암면 등이 있다.

수도권 동쪽

수도권 동쪽의 살펴볼 만한 단독·전원마을

이 장에서는 경기도 구리시, 하남시, 남양주시, 가평군에 있는 마을을 다룬다. 구체적으로 다음과 같다.

- 경기도 구리시 아천동
- 경기도 하남시 덕풍동
- 경기도 남양주시 수동면 입석리
- 경기도 남양주시 화도읍 마석우리
- 경기도 가평군 조종면 신상리
- 경기도 가평군 상면 행현리

경기도 구리시 아천동: 연예인 마을

위치: 경기도 구리시 아천동

대지 추정가: 1,100만~2,100만 원 (평당, 2023년 기준)

입지 패턴: 나라마을

기반 시설: 도시가스 ○, 전기지중화 ×

도로교통: ★★★★☆

대중교통: ★★☆☆☆

교육: ★★☆☆☆

생활 인프라: ★★☆☆☆

대형 인프라: ★★★☆☆

추천: 서울 초근접, 풍수 좋은 곳을 원하는 사람

용마산과 아차산을 병풍처럼 두르고 앞쪽에 한강까지 있어 예부터 풍수가 좋다고 소문난 마을. 위치마저 산골짜기에 신비롭게 감춰져 있다. 마을 모양도 오래된 마을답지 않게 신도시 블록 형태로 단정, 깔끔. 그래서일까, 박완서, 박진영, 현빈 등 유명인들의 선택으로 긴 세월 명성을 날려왔다.

입구 근처부터 살펴보자. 마을로 들어가는 안길에는 양쪽으로 고급 빌라들이 진을 치고 있다. 약간 답답한 느낌도 드는데, 집 따라 일렬로 늘어선 불법 주차 탓이 크다. 그래도 길 폭은 꽤 넓어 드나들 때 불편함은 적은 편.

마을 입구로 들어서자. 집들이 상당히 다채롭다. 따끈따끈한 최신 스타일부터 정겨운 한옥, 구옥을 리모델링한 영업장까지 보는 맛이 있다. 하나 웬걸, 안쪽으로 갈수록 그 넓던 길이 점점 좁아진다. 여기도 아래 빌라촌 버금가는 불법 주차가 꼬리에 꼬리를 물었다.

2023년 현재 빈 땅은 거의 없으며, 있어도 모두 공사 중. 조경을 비롯한 집 외관은 평소에도 늘 연예인처럼 관리받는지 하나같이 단아하고 깨끗하다.

마을 길 끝이 용마산 등산로와 이어져 있지만 경사가 전혀 급하지 않다. 노인이 살살 걸어 오르내려도 무릎에 큰 부담을 못 느낄 정도.

이제 등산로로 올라가보자. 길 초입은 아래로 동네가 한눈에 내려다보이는 마을 전망대다.

이곳에 사는 연예인들은 이구동성으로 말한다. “전경이 너무 예뻐요.” 솔직히 좀 과장이다. 직접 가서 보라. 지대가 별로 높지 않아 강 가까운 쪽은 벽들로 막혀 있고, 날씨 좋으면 저 끝에 살짝 구리암사대교가 눈에 걸리는 정도다. 이곳 주민들은 마을에서 20분 정도 올라가면 장관이라는데, 애석하게도 거기에 집은 없다.

그래도 이 마을, 풍수가 발군이다. 배산임수는 물론 앞쪽으로 완만하게 굽은 한강과 정면의 안산까지. 그뿐만 아니다. 기다랗게 꼬리를 내며 깊숙이 이어진 마을 진입로, 완만한 경사면 등 풍수장이가 좋아할 만한 요소는 거의 다 갖췄다. 그래서일까? 이 마을에 발을 내딛자마자 아늑하게 감싸주는 공기가 예사롭지 않았다. 신기하게도 걸으면 걸을수록, 기가 점점 빠지기는커녕 느리지만 조금씩 충전되는 느낌. 답사할 때 꼭 차에서 내려 마을 전체를 걸어보라. 지금 이 말이 번뜩 뇌리를 스칠 것이다.

마을 뒤쪽 용마산 줄기로 이어지는 등산로는 자연 트래킹 코스. 적당한 경사로 1시간 30분 가볍게 운동하기 딱 좋다. 상술했듯 꼭대기에서 내려다보는 마을 전경도 무척 예쁘다. 마을을 가로질러 등산객들이 꼬리에 꼬리를 무는 모습만 봐도 알 수 있다.

하지만 최근 들어 동네가 너무 변했다. 연예인이 이주하면서 외지인까지 몰려들었다. 그래서 마을 위아래 할 것 없이 맨날 이판사판 공사판 조용할 새가 없다. 이제 불법 주차, 야생 동물 로드 킬 정도는 흔한 풍경이라며 거주민 사이에 불만도 적지 않은 편이다.

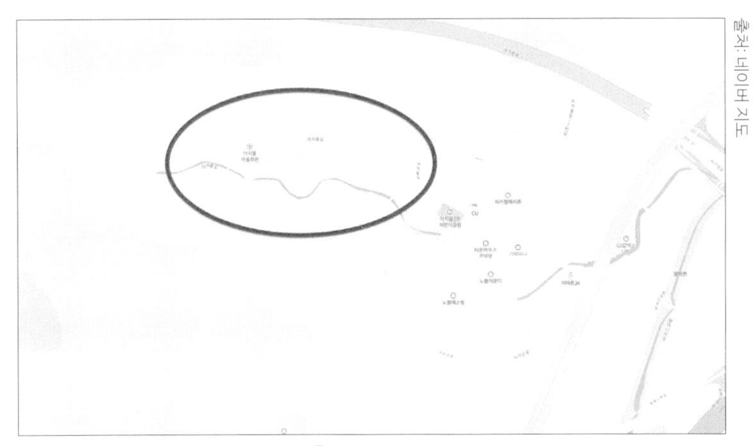

출처: 네이버 지도

내비게이션 검색어: 아치울2취락 마을회관

입지 분석 **아천동의 입지는?**

• **교통:** 도로망이 좋다. 마을 바로 코앞에 강변북로가 있어 서울 전역으로 빠지기 쉽다. 하지만 진입로 차선이 하나인 점은 살짝 불안. 조금만 올라가면 구리포천고속도로가 있어 위로 남양주, 의정부를 지나 포천까지도 지척이다.

대중교통의 경우 특히 버스가 좋다. 한 번에 아래 광장동까지 연결되는데 뭘 타든 30분이면 떨어진다. 마을 안에 없는 마트, 각종 병의원, 다양한 학원 등 필요한 것은 거기 다 모여 있으니 일단 안심.

버스가 많은 이유는 서울 끝자락이라 인근에 터미널이 많아서다. 평시에는 좋다. 여기저기 다방면으로 움직일 수 있으니까. 하지만 문제는 출퇴근. 종점부터 만원이라 정류장을 그냥 지나치는 일이 무척 잦다. 눈앞에서 버스 두세 대 그냥 지나쳐보라. 바로 자차 몰고 나올 것이다.

그렇다면 도로는 쾌적한가? 불행하게도 여기는 몇 걸음 옆이 서울, 기대할 게 따로 있지!

• **교육:** 내부에 따로 초등학교, 중학교는 없다. 그래도 이 마을은 학부모에게 유독 인기가 높다. 소재지는 경기도 구리시이지만 학교는 서울 광진구 구의동 쪽(서울광장초등학교, 광장중학교)으로 보낼 수 있어서다. 친절하게 마을 안쪽까지 들어오는 스쿨버스도 있으니 말 다했다.

• **의료, 문화:** 대형 마트는 강변북로를 타고 롯데마트 강변점으로 나가야 한다. 마을에서 약 13분 거리(7km). 종합병원? 구리시로 올라가면 된다. 한양대학교구리병원, 마을에서 약 15분 거리(4.5km). 둘 다 그렇게 멀지 않지만, 큰 대로를 타고 위로 아래로 나가야 하므로 심리적 거리감은 살짝 있는 편.

아천동의 장단점

장점: 완벽한 풍수, 서울 학군 가능

단점: 오래된 마을, 빼곡한 빌라들, 인근 대비 고가, 대중교통 불편

경기도 하남시 덕풍동: 호불호 갈리는 마을

위치: 경기도 하남시 덕풍동

대지 추정가: 1,100만~1,800만 원(평당, 2023년 기준)

입지 패턴: 나라마을

기반 시설: 도시가스 ○, 전기지중화 ○

도로교통: ★★★★☆

대중교통: ★★★★☆

교육: ★★★★☆

생활 인프라: ★☆☆☆☆

대형 인프라: ★★★★☆

추천: 역세권, 깔끔한 단지와 학교를 원하는 사람

옛날 미사리 카페촌 자리에 들어선 신도시, 그 안에 있는 단독마을이다. 새로 조성한 단지라 내부 도로가 상당히 쾌적하다. 마을 중앙에 양쪽 3차선 도로가 뻥! 속이 다 시원하다. 그렇다고 차들이 쌩쌩 달리느냐? 아니다. 주택가 제한 속도는 30km, 과속 방지 턱도 꽤 많다.

집들이 네모반듯 하나같이 비슷한데 자세히 보니 단독이 아니라 다가구주택이다. 큰길에서 코너를 돌면 성벽처럼 거대한 빌딩들이 마을 전체를 압도하며 둘러서 있다. 미사지구 지식산업센터다. 그 건너편이 바로 미사 조정호니까 딱 여기까지 경계인 셈.

저 위, 지식산업센터 건물에서 내려다보는 마을 모습은 어떨까. 시야가 확 트인 데다 예쁘장한 단독주택들이 모여 있으니 눈이 다 즐거우리라. 빌딩 하층부에선 더 가까이 지켜볼 수도 있다. "야, 저 집은 바비큐하려고 불 피우네!", "아이고, 저 집은 마당에 텐트 치네!" 이렇게 눈요기도 가능.

하지만 반대로 단독마을 쪽에선? 솔직히 좀 갑갑할 테다. 일단 전방 시야부터 턱 막혔으니까. 단독주택에 푸른 하늘 보려고 살지, 회색 유리 벽 보려고 사나? 빌딩과 가까이 붙어 있을수록 사생활 침해 문제도 그렇고 여러모로 불편할 수밖에 없다. 이럴 땐 중간에 큰 도로나 녹지 등으로 건물 간 거리를 벌려주는 게 상책인데, 아쉬운 부분이다.

그나저나 이 마을 참 재밌다. 신도시 단독 필지 두 개가 모른 척하고 한데 섞여 있으니 말이다. 지식산업센터가 늘어선 쪽이 2009년에 조성된 미사지구, 저 아래 풍산성당 쪽이 2004년에 조성된 풍산지구다. 둘 다 똑같이 단독, 다가구, 다세대 건축 OK.

하지만 건폐율, 용적률에서 차이가 난다. 미사지구는 건폐율 60%, 용적률 200%, 풍산지구는 건폐율 50%, 용적률 100%다(건폐율, 용적률 쉽게 보는 법은 3부 'Q7. 이웃과 간격은 어느 정도가 좋을까?'를 참고). 그러니 미사지구 쪽에 다가구가 더 많이 들어설 수밖에. 하지만 겉보기엔 그냥 한 덩어리의 마을 같다. 역시 아는 만큼 보이는 법이다.

이제 풍산성당 쪽으로 가보자. 확실히 여기는 단독주택이 좀 더 많다. 건폐율, 용적률이 작은 까닭도 있지만 예전에 들어왔으니 더 그렇다. 그때는 지하철이니 지식산업센터니 하는 호재가 없어 계산기 두드릴 일 자체가 없었을 테니까.

넓은 도로에 예쁘고 다양한 단독주택이 죽, 그 옆으로 불법 주차 차량도 죽! 참 안타깝다. 이렇게 제멋대로 인도를 점령하다니. 미관은 물론 안전까지도 위협한다. 이곳에서 직접 운전해보면 안다. 단속카메라 없는 골목으로 조금만 들어오면 그 넓던 길이 갑자기 좁아진다. 반대쪽에서 차 한 대라도 오면 눈치싸움을 벌여야 할 정도다. 그러니 동네 곳곳 불법 주차 수시 단속 현수막이 붙어 있을 수밖에.

인근 지하철역, 대기업 위치 → 다가구, 다세대, 상가주택 밀집 → 단독마을 주변 상시 주차장화

이 과정이 우리나라 단독·전원마을 주차 '국룰'이다.

그래도 여기는 좀 낫다. 상가주택은 따로 한데 잘 모아놨으니까. 큰길 구름다리 건너 아파트 쪽이다. 그것마저 섞여 있었으면 동네 입구에 차단기 하나 설치할 뻔했다. 그 정도로 외부 차량이 단독마을을 만만하게 보는 경향이 크다. 초역세권, 대기업? 호젓한 단독·전원마을 입장에서 마냥 즐거운 일만은 아니다. 비슷한 곳으로 남양주시 진접역 인근, 부천시 까치울마을, 평택시 고덕국제신도시 등을 들 수 있다.

입지 분석 덕풍동의 입지는?

- **교통:** 왜 이렇게 동네에 차들이 많냐고? 아까 말한 지식산업센터

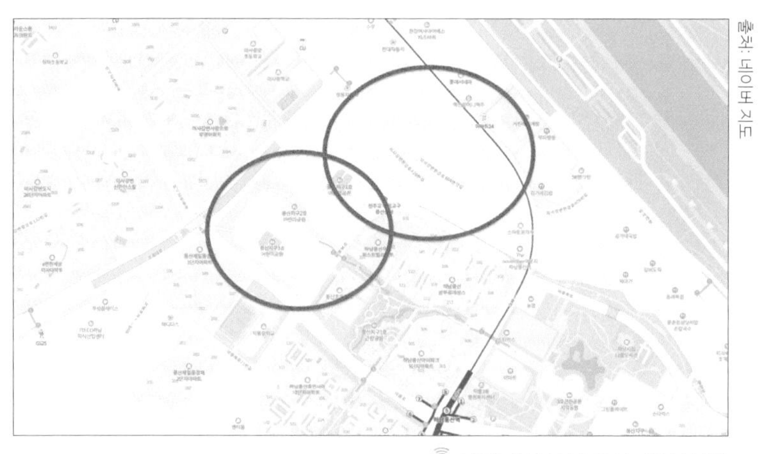

출처: 네이버 지도

내비게이션 검색어: 풍산성당

탓도 있지만 주된 요인은 역시 지하철이다. 2020년에 생긴 5호선 하남풍산역이 도보로 약 800m 거리에 있다. 땅값 오르고, 교통 편하고… 다 좋은데 불법 주차 해결 못하면 말짱 꽝이다. 현수막보다 더 강력한 조치가 시급하다.

• **의료, 문화:** 슬리퍼 신고 갈 수 있는 생활 인프라가 주변에 거의 안 보인다는 점이 아쉽다. 급한 대로 지식산업센터 1층에 편의점, 식당 등이 몇 개 있지만 그것도 어쩌다 한두 번이다. 보통 이런 신도시 마을은 '점포 겸용 택지'라는 상가주택 단지를 따로 조성해, 그곳이 주요 생활 인프라가 된다. 그런데 이게 너무 가까우면 앞서 말한 여러 가지 민원 문제가 발생하고, 너무 멀면 그만큼 불편하다. 적당한 거리가 필요한데, 이 마을에서는 너무 멀다. 게다가 실제로 가보니 생활 인프라라기보다는 거의 맛집 거리다.

그렇다고 너무 실망할 필요는 없다. 대형 마트가 바로 코앞에, 그것도 두 개씩이나 있으니까. 이마트 하남점이 차로 4분 거리(1km), 코스트코 하남점이 7분 거리(1.5km)다.

덕풍동의 장단점

장점: 뛰어난 교통망, 깔끔한 단지 내부

단점: 답답한 고층 빌딩, 단지 내 불법 주차

경기도 남양주시 수동면 입석리: 보물 발견!

위치: 경기도 남양주시 수동면 입석리

대지 추정가: 220만 원(평당, 2023년 기준)

입지 패턴: 민간마을

기반 시설: 도시가스 ×, 전기지중화 ×

도로교통: ★★☆☆☆

대중교통: ★☆☆☆☆

교육: ★★☆☆☆

생활 인프라: ★★★☆☆

대형 인프라: ★☆☆☆☆

추천: 산수를 좋아하고, '가성비' 입지를 원하는 사람

동네 한 바퀴 절경과 생활 인프라를 갖춘 보물

"보물 발견!"이라고 외칠 만큼 매력적인 마을이다. 대체로 수도권 북쪽은 남쪽에 비해 인기가 없다. 겨울에 춥고 인프라가 별로여서다. 하지만 그런 편견은 잠시 거두고 우선 이 마을에 와보라. 홀딱 반해 당장 부동산 문을 두드릴지도 모른다.

일단 눈앞에 그림처럼 펼쳐진 절경, 이게 반 이상은 먹고 들어간다. 마치 한 폭의 수묵화를 보는 듯 풍경이 무척 수려하다. 당연하지만 고도가 높아질수록 더 아름다워진다.

깔끔한 도로 역시 인상적이다. 보통 산비탈을 깎아 만든 택지는 도로 상태가 좋지 않다. 하지만 여기는 다르다. 최근에 새로 포장한 덕도 있지만, 기본적으로 마을 내부 도로가 신도시 못지않게 넓다. 불법 주차만 없다면 차량 두 대도 넉넉하게 오갈 수 있을 정도다.

마을 아래에는 생활 인프라가 다양하다. 마트, 편의점, 학교는 물론 경찰서, 조금만 나가면 면사무소까지. 이런 외곽에서 면사무소는 존재감이 묵직하다. 여러 인프라가 모이는 허브 역할을 하기 때문이다. 답사할 때 관심 가는 입지가 너무 변두리라 인프라를 파악하기 힘들다면 면사무소 같은 관공서 주변을 돌아보는 것도 방법이다. 교통은 물론 중형 마트까지 착착 들어와 있을 확률, 꽤 높다.

마을은 예상보다 넓다. 오독산 아래로 구운천을 따라 죽 펼쳐져 있는 지역이 중심으로, 무량사 방면으로 들어가는 골짜기도 한 마을이라 보면 된다.

향은 서향. 딜레마다. 당연히 남향이 최고지만, 경치를 위해서라면 서향을 택할 수밖에 없으니까. 서향은 북향 다음으로 안 좋다. 해가 질 때 너무 깊이 들어와 여름에 무척 덥다. 건축 설계 시 특히 신경을 써야 할 필요가 있다.

입지 분석 입석리의 입지는?

• **교통:** 도로교통은 꽤 훌륭하다. 인근에 신경춘로와 대성교차로가 있는데, 너무 멀지도 가깝지도 않고 딱 좋은 정도다. 문제는 도로 폭. 마을 앞 메인 상권과 이어지는 도로가 편도 일차로로 거의 골목길 수준이다. 또 화도 방면으로 공장, 창고가 은근히 많아 한 번 막히면 인정사정 볼 것 없다. 인도도 워낙에 뚝뚝 끊겨 있어 거

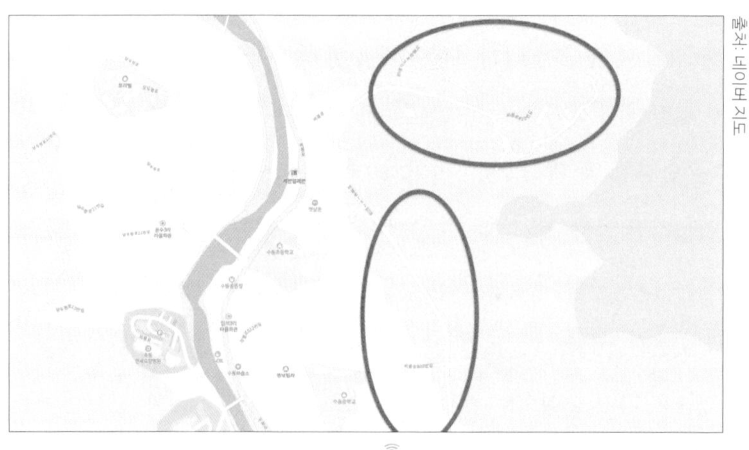

출처: 네이버 지도

🚗 내비게이션 검색어: 수동초등학교

의 없는 것이나 마찬가지.

마을 앞 버스 노선은 총 일곱 개로 생각보다 많다. 중심 상권인 마석역까지는 약 40분 거리(10km). 330-1번을 타면 서울 청량리까지 한 번에 갈 수 있다.

이 마을의 가장 큰 호재는 역시 GTX-B로 마석역까지 들어온다고 한다(2024년 착공, 2030년 완공 예정). 가평, 춘천까지 노선을 연장한다는 이야기가 있지만 두고 볼 일이다. 또 하나는 수도권제2순환고속도로 수동 나들목(23년 12월 완공 예정). 차라리 이쪽이 더 현실적이다. 현재 수동면사무소 인근에서 열심히 공사 중인데, 완공만 된다면 교통이 획기적으로 개선되리라 예상한다.

• **교육:** 면사무소 덕분에 초등학교, 중학교가 다 모여 있다. 수동초등학교는 마을 중심에서 500m, 수동중학교는 딱 그만큼 더 가면 나온다.

• **의료, 문화:** 앞서 이야기했듯 마을 아래 중형 마트가 있다. 편하게 이용하려면 역시 자차는 필수. 대형 마트를 원한다면 마석역 앞에 롯데마트 마석점이 있다. 10km 떨어져 있다.

준종합병원인 원병원 역시 마석역 근처에 있다. 더 큰 병원은 남양주시 평내동의 국민병원(15km)이 가장 가깝다. 게다가 치과, 한의원 등 작은 병의원도 면사무소 근처에 더러 있다. 이 정도면 외곽치고 훌륭한 편.

그 외 가볼 만한 곳으로는 아침고요수목원(26km), 대성리 유원지(11km), 비금계곡(8km)과 유명 캠핑장이 있다. 아, 마을 주변에 캠핑장이 없다는 것도 장점이다. 잠시 놀다 가는 행락객과 주거지는 어느 정도 사회적 거리 두기가 필요하니까.

입석리의 장단점

장점: 상대적으로 저렴한 가격, 수려한 풍광

단점: 경사로 존재, 좁은 진입로

경기도 남양주시 화도읍 마석우리: 호재 한가득!

위치: 경기도 남양주시 화도읍 마석우리

대지 추정가: 200만~220만 원 (평당, 2023년 기준)

입지 패턴: 민간마을

기반 시설: 도시가스 ×, 전기지중화 ×

도로교통: ★★☆☆☆

대중교통: ★☆☆☆☆

교육: ★☆☆☆☆

생활 인프라: ★☆☆☆☆

대형 인프라: ★★★☆☆

추천: 산을 유독 좋아하며 높은 경사면을 즐길 줄 아는 사람

동네 한 바퀴 산과 하나 된 마을

튼튼한 육체 원대한 기상, 나 그대로 산이 되리라! 어디를 둘러봐도 산, 산, 산. 마을 전체가 산속에 들어가 물아일체가 된 형상. 산을 좋아한다면 '강추.' 가슴 탁 트이는 전경과 분위기는 수준급이다.

하지만 마을로 들어가는 도로는 뭐랄까, 비밀의 정원처럼 굽이굽이. 마을 아래 진입로부터 최정상까지 직접 걸어서 올라가봤다. 선선한 날씨에도 속옷까지 땀으로 흠뻑 젖었다. 거의 등산 수준. 각도도 가파른 데다 길기도 길다. 겨울철 빠른 제설이 가능할까? 제설 차량은 무리 없이 올라올 수 있을까? 걱정부터 앞선다.

마을 중턱에 위치한 카페 뒤쪽에 올라가는 길이 하나 또 있다. 따라가면 구옥이 섞인 마을이 나오는데 여기는 그나마 경사가 좀 낮다. 그렇다고 걸어서 오를 만한가? (절레절레) 하지만 길 자체는 잘 정리돼 있다. 낮은 쪽엔 공장, 창고, 빌라가 올망졸망 혼재된 모습.

입지 분석 마석우리의 입지는?

• **교통:** 마을에서 조금만 내려가면 경춘로와 마석로가 크로스. 바로 그곳이 마석역으로 동네 메인 인프라 자리다. 따라서 마을 위치 자체는 크게 나쁘지 않다.

문제는 두 가지. 송천리에서 마석우리로 이어지는 길이 딱 마을

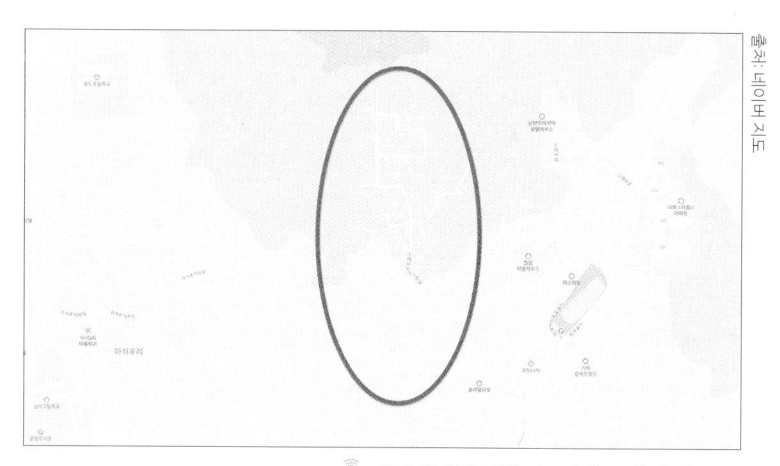

출처: 네이버 지도

내비게이션 검색어: 카페 포레리버5972

앞길 하나라는 것과 중간에 278세대 아파트가 버티고 있어 마석역 쪽으로 내려갈수록 자연스럽게 정체가 심해질 수밖에 없다는 것. 게다가 고작 편도 일차로뿐이다. 평일 낮 통행량만 봐도 적지 않은데, 한번 막히면 외통수 보장이다. 남양주시 외곽의 시급한 과제가 바로 이런 농로같이 협소한 도로다. 직접 보라. 숨이 턱턱 막힌다.

대중교통 역시 별 대안은 못 된다. 마을 입구에 일반 버스 딱 한 대 들어오니까. 구옥마을 어르신들 전용인 듯. 재밌는 점은 마을 꼭대기에 올라가면 철도 소리가 들릴 만큼 거리는 지척인데, 실제로 역까지 가는 과정은 산을 다 내려와 유일한 버스를 기다려 타서 막히는 길을 겨우 뚫고 도착해야 하는 고난의 행군이라는 것. 그냥 자동차 외에는 답이 없다고 보는 게 마음 편하다.

마석역 주변 호재는 상당하다. GTX-B 노선이 2030년 개통 예정이고, 지하철 6호선 연장도 논의 중이다. 게다가 최근에 뚫린 수도권제2순환고속도로 화도-양평 구간까지. 그동안 철저히 소외돼왔던 이곳 화도읍에 단비 같은 교통 호재다. 하지만 늘 이야기하듯 단독·전원주택과 호재 사이엔 큰 상관관계가 없다. 따라서 투자로 접근 말고 오직 실거주 목적으로만 살펴보길 권한다.

• **교육:** 초·중·고는 마석역 쪽에 다 몰려있다…만, 여기는 무조건 자동차 픽업이다. 안 그러면 아이가 산 중턱에서 길을 잃고 헤맬 수도 있다. 통학에서는 낙제점.

• **의료, 문화:** 마을 높은 곳에 서면 철도뿐만 아니라 롯데마트 마석점도 잘 보인다. 차로 내려가면 10분 거리(2.3km). 조금 더 나가면 이마트 남양주점도 있다. 20분 거리(8.5km).

종합병원? 없다. 대신 준종합병원으로 응급실까지 갖춘 원병원이 마석역 근처에 있다. 주민 이야기로는 대체재로 괜찮다는 평. 종합병원은 남양주시 평내동 국민병원이 가깝다. 20분 거리(10km).

주변 가볼 만한 곳으로는 양주 컨트리클럽(9km), 천마산군립공원(5.4km) 등이 있다.

마석우리의 장단점

장점: 멋진 전경, 다양한 호재, 저렴한 가격

단점: 높은 경사면, 생활 인프라 부족

경기도 가평군 조종면 신상리: 최고의 힐링지

위치: 경기도 가평군 조종면 신상리

대지 추정가: 80만~90만 원(평당, 2023년 기준)

입지 패턴: 민간마을

기반 시설: 도시가스 ×, 전기지중화 ×

도로교통: ★★☆☆☆

대중교통: ★☆☆☆☆

교육: ★☆☆☆☆

생활 인프라: ★☆☆☆☆

대형 인프라: ★★☆☆☆

추천: 배산임수의 한적한 세컨드 하우스를 찾는 사람

지금 이대로, 할 수만 있다면 영원히 박제하고 싶은 마을. 주말주택, 세컨드 하우스, 은퇴 후 숲속 전원주택을 꿈꾸는 사람에게 최적지다. 마을 전체를 휘감는 멋과 기품. 멀리서 보면 한 폭의 산수화가 따로 없을 정도다. 배산임수에 전체적으로 완만한 경사, 깔끔한 도로 등 전반적인 마을 컨디션 역시 매우 양호.

가는 길. 오른쪽으로 조종천 지류를 끼고 한참을 들어간다. 중간중간 펜션과 캠핑장이 보이지만 마을 구경에 시간 가는 줄 모른다. 그만큼 경관이 수려하다. 특히 봄, 가을에 오면 울긋불긋 꽃대궐에 취해 목적지를 잃을 수도 있으니 주의.

하지만 뭔가 아쉽다. 마을 입구 강변의 경관 좋은 자리는 리조트와 캠핑장이 다 꿰찼으니까. 또 길이 좁아 주말이나 성수기에는 안쪽 깊이 자리한 마을까지 정체가 우려된다. 이와 더불어 행락객으로 인한 환경 오염도 걱정이다.

한참 들어가다 보면 마주하는 큰 마을 표지석에서 좌회전. 마을 내부는 한산하다. 평일 오후에도 주차장이나 도로에 자동차가 거의 없다. 이미 주말주택, 세컨드 하우스가 꽤 있는 듯하다. 참고로 동네의 실제 거주 인구를 알려면 평일 저녁에 와보는 게 좋다. 집마다 켜진 불빛과 돌아다니는 차량으로 그 수를 가늠할 수 있으니까.

건축 양식도 다양하다. 최신 스타일의 집, 전통 한옥 등 대세를 어느 하나로 특정할 수 없다. 분명한 것은 모듈러 하우스같이 저렴한 자재로 지은 집은 찾아볼 수 없다는 것. 역시 마을에 땅을 내딛자마자 느껴진 중후한 기품은 그냥 만들어진 게 아니었다.

입지 분석 신상리의 입지는?

• **교통:** 서울 강일IC에서 마을까지는 약 1시간 거리. 구리포천고속도로(29번 국도), 서울양양고속도로가 양쪽으로 뻗어 있어 서울과 가평군, 양양군 모두 접근성이 좋다. 특히 이 마을은 조종면행정복지센터까지 바로 이어진 운악청계로가 효자다. 거기까지 나가는 데 시간이 걸리기는 하지만. 차로 약 6분(2km) 소요된다.

버스는 마을 앞으로 한 대 들어온다. 한참을 걸어 내려와야 하지만, 일단 탔다 하면 면사무소 메인 인프라까지 한 번에 직행이다. 현

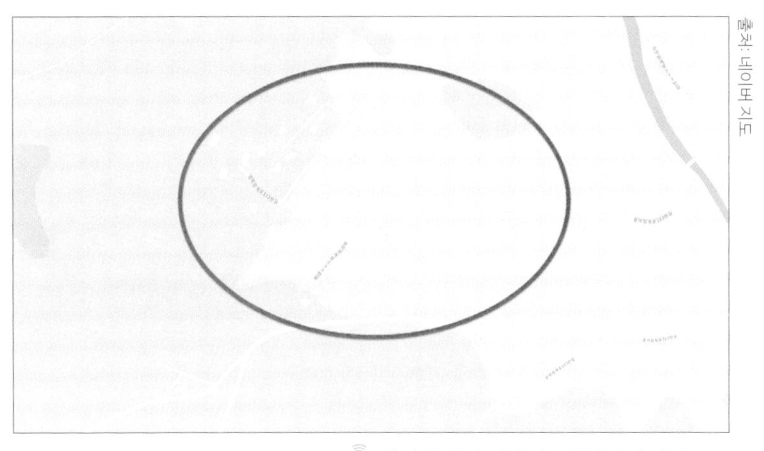

출처: 네이버 지도

내비게이션 검색어: 새연카라반리조트

리터미널이 있어 서울행 고속버스로 갈아탈 수 있는 것 역시 장점.

• **교육:** 무척 가까운 편이다. 조종초등학교, 조종중학교, 조종고등학교 모두 차로 15분 거리(6km). 그렇다고 자녀가 있는 모두에게 추천하는 것은 아니다. 단독·전원주택 입지에서 학교를 볼 때는 초등학교를 최우선으로 봐야 한다. 아이가 스스로 등하교가 가능해야 안심할 수 있으니까. 하지만 여기는 그렇지 않다. 무조건 픽업 필수다.

• **의료, 문화:** 아쉽지만 생활 인프라는 마을 앞에 없다. 차 타고 6분 이상 큰길로 나와야 겨우 편의점, 작은 식당 몇 개 보인다.

나머지는 모두 조종면행정복지센터에 의지한다. 현리터미널, 조종초·중·고는 물론 중형 마트와 재래시장, 각종 병의원, 프랜차이즈 음식점 등이 들어와 있다. 다시 말하지만 시골에서 인프라는 항상 면사무소, 행정복지센터 등 관공서를 중심에 놓고 살펴보자.

가볼 만한 곳으로는 썬힐 골프클럽과 리앤리컨트리클럽(7.6km), 베어스타운 스키장 (20km), 아침고요수목원(16km) 등이 있다.

신상리의 장단점

장점: 배산임수로 빼어난 경관과 아늑함

단점: 마을 입구의 행락 시설

경기도 가평군 상면 행현리: 숨만 쉬어도 치유

위치: 경기도 가평군 상면 행현리

대지 추정가: 60만~80만 원(평당, 2023년 기준)

입지 패턴: 민간마을

기반 시설: 도시가스 ×, 전기지중화 ×

도로교통: ★★☆☆☆

대중교통: ★☆☆☆☆

교육: ★☆☆☆☆

생활 인프라: ★☆☆☆☆

대형 인프라: ★★☆☆☆

추천: 치유와 회복이 절실한 사람, 힐링 목적의 주말주택을 찾는 사람

이곳은 '건강과 치유'에 초점을 맞췄다. 마을 주변을 가평군의 명산 축령산이 둥그렇게 둘러싸고 있는데, 잣나무 천지다. 실제로 답사하는 동안 온몸에 솔 내음이 가득 밸 정도. 아마 찜질방의 피톤치드 방에 들어가면 이런 기분 아닐는지.

가는 길. 펜션 단지 뒤쪽 좁은 길을 따라 한참 올라가야 한다. 가장 위쪽에 표지석이 보이면 그대로 우회전. 이미 한참 전 자리를 잡은 듯한 마을 터에는 집 반, 빈 땅 반이다. 터 자체가 높으니 자연스럽게 전경이 내려다보이는데 압권이다. 가평군의 산맥들이 눈앞에서 거대한 파도처럼 넘실거린다. 이 풍경이 마을 가장 높은 데서만 보인다면 말도 안 했다. 어느 쪽에서 봐도 전부 장관. 이곳에 집을 짓는다면 거실에 따로 그림을 걸 필요가 없을 것이다.

마을 내부 도로는 흔한 시골길. 뚝뚝 끊긴 곳도 많고 일단 좁다. 차가 마주 오면 주위를 살펴봐야 할 정도. 게다가 언덕 경사도 좀 있는 편이라 초보라면 주의가 필요하다.

마을 내부에는 차량이 그리 많지 않다. 이 마을의 집은 척 봐도 대부분 주말주택, 세컨드 하우스 용도인 듯. 서울과 거리가 좀 있는 가평군 전원마을만의 특징이다.

마을 아래는 어떨까? 크게 두 덩어리가 형성돼 있다. 아침고요수목원이라는 대형 관광지, 그 옆에 대형 펜션 단지. 두 지역이 딱 붙어 있지 않아 서로 방해하는 수준은 아니다. 이 정도 상권과 북적거림,

좋다. 아무리 힐링이라지만 너무 썰렁하면 무서우니까.

큰길에서 마을로 올라가려면 무조건 펜션 단지를 통과해야 하는데, 의외로 크게 돌아가는 코스가 존재한다. 차량마저 드문 훌륭한 산책로다. 내가 마을 주민이라면 매일 아침 트래킹 코스는 여기!

입지 분석 행현리의 입지는?

• **교통:** 마을로 진입하는 도로가 37번 국도 딱 하나다. 내비게이션으로 서울 강일IC까지 약 50분 찍힌다. 하지만 그대로 믿지 말 것. 마을 바로 옆이 대형 수목원이라 행락객이 모두 이 도로를 타고 넘어오니까. 주말, 연휴에 한번 막히면 그야말로 주차장이 따로 없다. 충분히 감안해야 할 요소다.

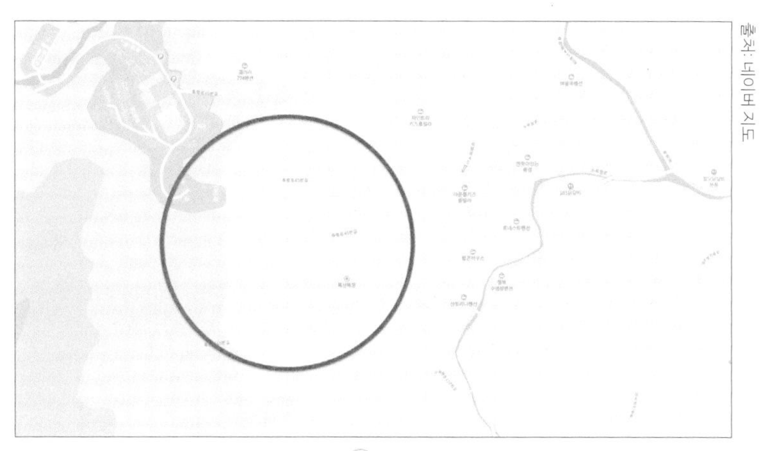

출처: 네이버 지도

내비게이션 검색어: 행현2리 마을회관

버스가 펜션 단지 안으로도 들어온다. 총 세 대인데, 주로 청평터미널과 아침고요수목원을 오간다. 이런 곳에서는 배차 간격이 기본 1시간. 미리 확인하고 나서지 않으면 낭패다. 터미널까지는 30분 거리(11.5km). 여기서 다시 버스를 타든 기차를 타든 서울로 한 번에 나갈 수 있다. 경춘선 이용 시 서울 신내역까지 약 40분.

• **교육:** 마을 앞에 상면초등학교(2km)가 있지만 도보는 무리다. 청평중학교(9km), 청평고등학교(11km) 역시 무조건 픽업. 따라서 아이가 있는 집은 추천하지 않는다.

• **의료, 문화:** 생활 인프라는 마을 아래쪽 펜션 단지까지 내려와야 한다. 거기에 편의점, 맛집 등이 즐비한데 아쉽게도 딱 그뿐. 병의원, 미용실 등은 눈 씻고 찾아봐도 없다. 이들 모두 청평역 부근에 집중돼 있다. 마을에서 차로 약 17분 거리(11km)다.

가볼 만한 곳으로는 역시 숲, 숲, 숲이다. 아침고요수목원(3km), 경기도 잣향기푸른숲(4km).

행현리의 장단점

장점: 일상이 산림욕, 적당한 북적임

단점: 높은 경사로, 정리 안 된 주변 환경

수도권 남쪽

수도권 남쪽의 살펴볼 만한 단독·전원마을

이 장에서는 경기도 양평군, 여주시, 이천시, 광주시, 성남시, 용인시, 의왕시, 수원시, 화성시, 오산시, 평택시에 있는 마을을 다룬다. 구체적으로 다음과 같다.

- 경기도 양평군 서종면 문호리
- 경기도 양평군 옥천면 용천리
- 경기도 여주시 우만동
- 경기도 여주시 세종대왕면 번도리
- 경기도 이천시 마장면 오천리
- 경기도 이천시 송정동

- 경기도 광주시 능평동
- 경기도 광주시 퇴촌면 관음리
- 경기도 성남시 분당구 구미동
- 경기도 성남시 분당구 판교동
- 경기도 용인시 수지구 상현동
- 경기도 용인시 기흥구 중동
- 경기도 용인시 수지구 고기동
- 경기도 의왕시 오전동
- 경기도 수원시 권선구 금곡동
- 경기도 화성시 반송동
- 경기도 화성시 새솔동
- 경기도 오산시 금암동
- 경기도 오산시 세교동
- 경기도 평택시 지산동, 송북동
- 경기도 평택시 고덕동

경기도 양평군 서종면 문호리: 다 화면발이야?

위치: 경기도 양평군 서종면 문호리

대지 추정가: 120만~380만 원(평당, 2023년 기준)

입지 패턴: 민간마을

기반 시설: 도시가스 ×, 전기지중화 ×

도로교통: ★★★☆☆

대중교통: ★☆☆☆☆

교육: ★★★☆☆

생활 인프라: ★★☆☆☆

대형 인프라: ★☆☆☆☆

추천: 양평 특유의 산과 강 조망을 사랑하는 사람, 교통체증에 둔감한 사람

북한강 건너편으로 언덕을 향해 길게 형성된 마을. 마을 자체도 예술이지만, 마을에서 보는 리버 뷰는 돈을 받아도 될 정도다. 그러니 방송국에서 가만둘 리 있을까. 유명 연예인도 살고 텔레비전에도 자주 나와 동네 자체가 브랜드화된 지 오래. 실제로 살기에는 어떨까? 서종IC부터 면사무소 부근까지 한 번에 정리해보자.

큰길에서 샛길로 곁가지를 치며 작은 마을이 점점이 형성돼 있다(점마을). 이들이 모여 하나의 큰 마을을 이룬다. 여기 있는 집들은 하나같이 기초를 높이 쌓고 강 쪽을 조망한다. 북한강 뷰 때문에 이 마을을 택했을 테니 그럴 수밖에.

그런데 좀 아쉽다. 모든 집이 다 평등하게 강을 볼 수가 없으니까. 어떤 집은 산등성이에 가렸고, 어떤 집은 앞집에 막혔다. 게다가 서종IC 부근은 강을 보려면 자연스럽게 북향이 돼버리기도. 바로 이런 게 입지의 딜레마다. 강을 볼 것인가, 남쪽을 볼 것인가!

실제 주민에게 물었다. 조망 약발이 대체 얼마나 가느냐고. 대부분 길어봐야 6개월이란다. 아파트 살 때를 떠올려보면 이해가 쉽다. 창문 열면 겹겹이 회색 콘크리트 벽. 하지만 살다 보면 잘 모른다. 금방 무던해지는 게 사람이니까. 조망도 마찬가지다.

그래서 권한다. 뷰 또는 남향, 둘 중 하나를 선택해야 한다면 무조건 남향으로 집을 짓자. 눈이 즐거운 것은 고작 6개월이지만, 난방비와 곰팡이의 고통은 영원하니까(자세한 내용은 3부 'Q9. 뷰에 관해 알아둬야 할 것은?' 참고).

도로는 꽤 좁다. 어떤 길이든 기본적으로 차 한 대가 오면 마주 오던 차는 무조건 안쪽으로 피해줘야 한다. 양평 사람이야 익숙하겠지만 외지인에겐 낯선 상황. 그냥 좁기만 한 게 아니다. 관리 상태도 많이 부실하다. 부서지고 갈라지고 움푹 파이고…. 산 쪽으로 올라갈수록 더 심해진다.

북한강로 큰길은 좋을까? 그건 또 아니다. 인도 자체가 없는 곳은 물론, 강 쪽으로 샛길이 뚫려 분묘가 들어선 곳도 있다. 도로 상태가 이 정도인데 겨울철 제설? 솔직히 기대하기 어렵다. 여기 살려면 가장 먼저 이 험난한 길부터 빨리 적응해야 한다.

하나 더, 차로 답사하다 보면 곳곳에 짓다 만 현장이 의외로 많다. 볼썽사나운 것이야 그렇다 치고 안전 문제가 더 걱정이다. 지대가 낮은 곳보다 높은 곳에 유독 공사 현장이 많으니까. 무성한 잡풀, 쪼개진 기초, 부서진 담장… 이런 것은 관에서 최소한의 규제나 정리를 해야 한다고 본다. 사연은 딱하지만 그렇다고 주민들 안전까지 위협해서야 되겠나.

칭찬할 것도 많다. 일부 마을은 '양심 하우스'를 만들어 재활용품, 일반 쓰레기 등을 무인으로 깔끔하게 관리한다. 신도시 단독 필지와 비슷하다. 또 북한강로를 따라 이어진 무수한 맛집과 카페 거리, 강변에 조성된 산책로와 광장, 체육공원이 부럽다. 게다가 주민들의 애향심이 강해 '리버 마켓' 같은 자치 활동이 꾸준하다는 점도 플러스 요인이다.

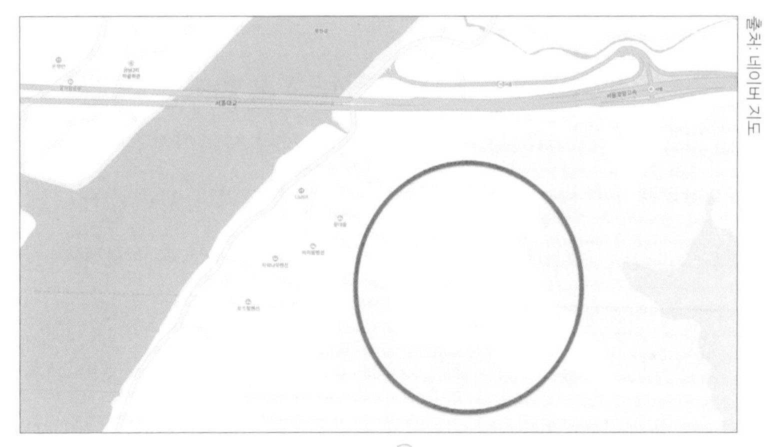

출처: 네이버 지도

내비게이션 검색어: 서종어린이집

입지 분석 문호리의 입지는?

• **교통:** 양평군 위쪽의 초입이다. 강 하나 건너면 바로 남양주시, 그를 잇는 다리가 서종대교다. 길은 서울과 양양으로 뻗어 있고(서울양양고속도로), 서종대교 근처에 서종IC가 있다. 겉으로만 보면 도로교통 훌륭하다.

그런데 현실은? 한번 가보면 누구나 안다. 주말이나 휴가철이면 서울과 강원에서 몰리는 나들이 차량으로 일대가 '양평 헬게이트'가 된다는 것을. 초입부터 이러니 안쪽과 더불어 아래 6번 국도는 더하다. 극심한 교통체증은 양평군의 대표적인 아킬레스건이다.

하지만 상황이 나아지고 있다. 수도권제2순환고속도로 화도-양평 노선이 막히는 두 도로 사이를 뚫어줬다. 또 서울양평고속도로도 추진 중이니 그동안 조였던 숨통이 트일 일만 남았다.

• **교육:** 교육 여건은 의외로 괜찮다. 마을 안에 서종초등학교, 서종중학교가 있다. 북한강로를 따라 내려가면 도보 통학도 가능.

• **의료, 문화:** 북한강로를 따라 내려가면 근처에 서종면사무소, 우체국, 마트, 각종 병의원 등 생활 인프라가 많다. 문호리 안에서 서종면사무소까지 아무리 길게 잡아도 차로 약 7분 거리(3.4km).

하지만 근처에 대형 인프라가 없다. 가장 가까운 종합병원이 남양주시 평내동 국민병원. 내비게이션상 45분 거리(20km)다.

가볼 만한 곳으로는 아이들 소풍 장소로 유명한 황순원문학관(10분, 5km), 길 따라 그대로 내려가면 만나는 두물머리나루터(13분, 9.2km)가 있다. 아, 참고로 이 나루터는 평일 낮에만 갈 것. 주말에 차로 움직이면 아마 혈압이 꽤 상승할 것이다.

문호리의 장단점

장점: 뛰어난 서울 접근성, 풍부한 생활 인프라

단점: 위치별로 다른 조망, 안전 불감증

경기도 양평군 옥천면 용천리: 아, 탐나는 마을!

위치: 경기도 양평군 옥천면 용천리

대지 추정가: 120만~260만 원(평당, 2023년 기준)

입지 패턴: 민간마을

기반 시설: 도시가스 ×, 전기지중화 ×

도로교통: ★★☆☆☆

대중교통: ★☆☆☆☆

교육: ★☆☆☆☆

생활 인프라: ★★☆☆☆

대형 인프라: ★☆☆☆☆

추천: 자발적 고립을 원하는 사람, 산속에서 파묻혀 있기를 원하는 사람

유럽에 온 듯 조경이 잘 정리된 마을

용문산 골짜기 깊은 곳에 자리한 마을. 양쪽으로 편전산과 봉재산이 늘어서 있고, 길 따라 더 들어가면 설매재 자연휴양림과 만난다. 여기는 사방 어디를 둘러봐도 화보. 유럽 어딘가에 온 듯한 착각마저 불러일으킨다. 산으로 올라가는 큰길을 계속 가다 보면 이런 마을이 꾸준히 나온다. 그중 이곳을 꼽은 이유? 대략 중간 지점이라!

먼저 별빛마을, 진입로부터 예술이다. 고급 조경수가 줄지어 있어 베르사유 궁전에 들어가는 기분이랄까. 마을에 전속 조경사가 따로 있나 싶을 정도로 조경 수준은 역대급. 집들도 상당히 웅장하다. 가히 연예인, 사업가, 의사, 대학교수 등 주민들 화려한 직업군이 들어와 살 만하다.

토지가는 이 일대에서 가장 비싼 편. 의외로 마을 가장 높은 곳에는 카페가 있다. 거기서 보는 전경은 어떨까? 시간이 있으면 둘러보는 것도 좋겠다. 단 아무리 단장을 잘했어도 중간중간 비포장도로가 많으니 운전에 주의할 것.

반대편 마을. 입구에 '써니사이드'라는 표지석이 보인다. 산기슭을 깎아 만든 동네다. 역시 경사도에 자비란 없다.

이런 곳은 당연히 기초 토목공사 비중이 높다. 그러니 기초공사의 세부 과정을 꼼꼼히 따지고 완공 상태를 반드시 눈으로 확인하자. 안전은 물론 공사비와도 직결되기 때문이다. 이는 언덕이 높은 곳일

수록 집을 지을 때뿐만 아니라 매매 시에도 필수로 확인해야 하는 부분이다.

가장 위쪽에는 차단봉을 설치해 외부 출입을 막았다. 요즘은 이렇게 단지 입구를 막은 곳이 점점 느는 추세다.

주의할 점 하나 더, 이쪽은 별빛마을과는 반대로 도로가 뚝뚝 끊겨 있다. 답사 초보는 가끔 높은 지대에서 이런 끊긴 도로를 만나면 당황하곤 하는데, 너무 겁먹지 말자. 핸들 고정하고 그대로 후진하다 보면 중간중간 빈 땅이 꼭 나오니까.

가장 높은 곳에 올라보자. 써니사이드는 별빛마을을, 별빛마을은 써니사이드를 조망한다. 즉, 두 산줄기가 서로 마주 보고 있다. 멀리서 서로의 모습을 거실 풍경에 담아 보는 느낌, 상상만 해도 오묘하다. 굳이 따지자면 써니사이드가 남동향, 별빛마을이 서향. 향만 따지면 남동향이 조금 더 낫긴 하다. 하지만 이런 계곡 지형에서는 정남향 외 다른 향은 큰 의미가 없다. 해가 금방 져서 일조량이 다 비슷비슷하니까.

이렇게 예쁜 마을이지만 딱 여기만 존재하는 치명적인 단점이 있다. 바로 군부대, 그것도 국내 최대 포사격장이 바로 근처다. 낮에는 물론 밤에도 쿵쿵! 포사격으로 땅이 울리는 진동에 잠을 설칠 때가 많단다. 물론 나라를 지키는 국군 장병을 탓할 생각은 없다. 다만 주거지로서 약점인 것은 분명하니 꼭 체크하자.

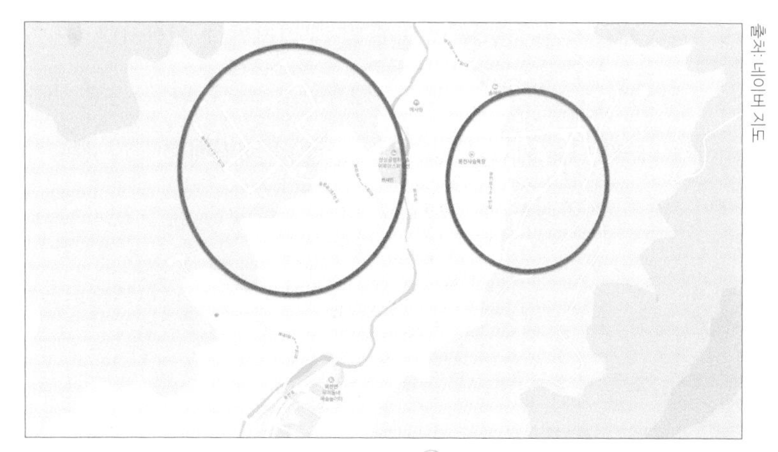
출처: 네이버 지도

내비게이션 검색어: 써니사이드

입지 분석 용천리의 입지는?

• **교통:** '죽음의 6번 국도(심한 정체로 생겨난 별칭)'에서 옥천면사무소 쪽으로 빠져나와 한참을 들어가야 마을이 나온다. 물론 편도 일차로 외길. 산골 깊숙한 곳이라 자차는 필수다.

버스 정류장이 큰길에 있기는 하다. 경의중앙선 아신역, KTX 양평역, 양평버스터미널까지 모두 돈다. 그런데 고작 하루 세 번 운행. 타는 데 상당한 인내심이 필요하다. KTX가 암만 편하다 해도 양평읍 주변에 거주하지 않는 이상 양평역까지 가려면 무조건 이 꼬마버스를 타야 한다. 주변에 주차할 곳이 없으니까. 그러니 마을 주민으로선 그림의 떡일 수밖에.

뭐 다 좋다, 길만 안 막히면. 하지만 여기는 양평군. 6번 국도 앞에 '죽음의'라는 수식어를 괜히 단 게 아니다. 가끔 가는 나들이라면 꾹

참을지도 모르겠다. 그런데 내 집에 갈 때 이러면 참 심란하다.

그 와중에 희소식, 최근 수도권제2순환고속도로 화도-양평 구간이 열렸다. 딱 마을 아래 양평IC까지 뚫렸다. 이참에 지긋지긋한 정체가 서서히 회복되길 기대한다.

•의료, 문화: 교육, 생활 인프라 모두 옥천면사무소 쪽에 모여 있다. 다행히 차로 10분 거리(5km)다. 하나로마트 양평농협 옥천점, 우체국, 파출소, 약국, 병의원 등 개수는 적지만 모양새는 꽤 갖췄다.

대형 인프라는 양평역으로 가야 한다. 16분 거리(8.6km). 양평군청 소재지니 말 다했다. KTX양평역, 롯데마트 경기양평점 등이 모여 있다. 하지만 종합병원은 여전히 감감무소식. 대신 근처 양평병원, 교통병원, 보건소 등을 이용하면 되겠다. 참고로 스타필드 하남이 의외로 가까워 많이들 이용한다는 주민 전언이 있다(40분, 32km).

주변에 가볼 만한 곳은 다 산이다. 설매재자연휴양림(2km), 용문산 자연휴양림(10km). 또 근방에 멋진 카페가 많으니 답사 때 슬쩍 들러 차 한잔 마시고 오는 것도 괜찮겠다.

용천리의 장단점

장점: 아늑한 산세, 빼어난 풍광

단점: 행락객 교통체증, 생활 인프라 부족

경기도 여주시 우만동: 여주의 재발견

위치: 경기도 여주시 우만동

대지 추정가: 70만~120만 원(평당, 2023년 기준)

입지 패턴: 민간마을

기반 시설: 도시가스 ×, 전기지중화 ○, × 혼재

도로교통: ★★★☆☆

대중교통: ★☆☆☆☆

교육: ★☆☆☆☆

생활 인프라: ★☆☆☆☆

대형 인프라: ★★☆☆☆

추천: 강 뷰에 로망이 있는 사람, 가성비 높은 마을을 찾는 사람

정돈된 도로와 남한강 조망

우만동, 멱곡동, 흔암리 세 지역이 머리를 맞대고 있는 자리. 진입할 때 가장 먼저 눈에 띄는 것은 역시 도로. 시원하게 잘 뻗어 있다. 입구부터 도로가 좋으면 기대감이 들기 마련인데 여기가 딱 그랬다.

내비게이션에 찍은 벽돌 공장 바로 아래 전원마을부터 가보자. 일단 주도로보다 아래에 있어 지대가 낮아 비가 오면 물이 고일까 걱정이다. 집들 외관을 보니 이 근방에서 가장 오래된 마을인 듯하다. 모여 있으려면 이유가 있어야 하거늘, 강 조망 같은 특이점이 딱히 없는 게 신기하다.

큰길 따라 조금만 더 내려가보자. 최근 들어선 큰 마을이 보인다. 진입로도 무척 쾌적하다. 들어가보니 곳곳에서 뚝딱뚝딱 공사가 한창이다. 주말이라 그런지 주차된 차량도 은근히 많고, 여기저기 마당에서 바비큐도 하고… 대략 3분의 1쯤 입주한 것 같다.

필지 크기는 단독·전원주택에서 가장 인기 많은 100평대. 보전관리지역으로 건폐율 20%라, 도로만큼이나 건물 사이 간격도 넓다.

가장 중요한 점은 남한강 조망. 마을 자체가 살짝 올라간 구릉지인데 아래로 리버 뷰가 통쾌하다. 반대쪽은 여주시 강천면, 바로 앞에 보이는 다리는 남한강교. 다만 지대가 확연히 높지는 않아 강을 조망하려면 기초를 높이고 앞집 뒤통수를 잘 피해서 지어야 한다. 또 강 쪽이 동향이라는 점도 고려할 것. 이런 곳은 조망에 따라 토지

가격에 차이가 난다. 마을 언덕 쪽에도 필지가 조성돼 있지만 아쉽게도 그곳에서는 강이 거의 보이지 않는다.

강 쪽이 아닌 마을 초입, 큰길에서도 바라보자. 여주는 예부터 쌀로 유명한 비옥한 평야 지대다. 그만큼 마을 뒤를 막아주는 큰 산이 없어 강으로 내려가는 바람이 거세다. 기온 떨어지면 매서운 칼바람이 일상일 듯. 또 주변 인구가 적어 오가는 차량이 거의 없다. 예쁘게 포장해놓은 도로가 아까울 지경이다.

입지 분석 우만동의 입지는?

- **교통:** 영동고속도로가 코앞이다. 하지만 나들목이 조금 멀다. 여주IC까지 살짝 돌아 10분. 대신 거기까지만 가면 37번 국도와 접

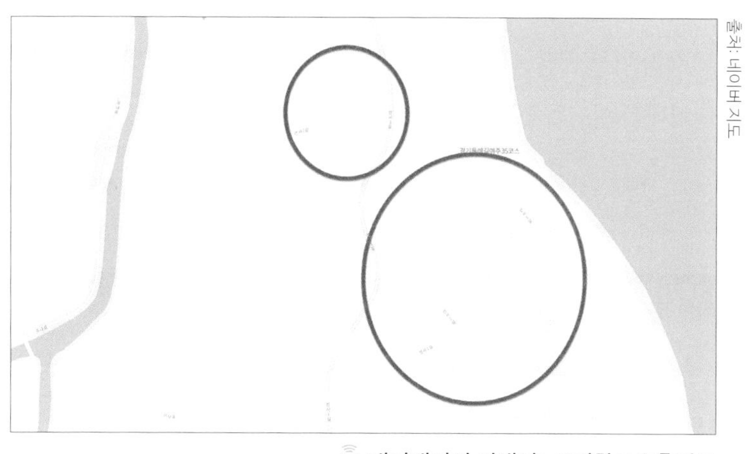

출처: 네이버 지도

내비게이션 검색어: 오지황토손흙벽돌

하며 길 따라 인프라들이 죽 늘어서 있다. 그대로 조금 더 올라가면 경강선 종점 여주역이 마을에서 약 9km 떨어져 있다.

도로에 비해 대중교통이 매우 열악하다. 인구가 적으니 그럴 수밖에. 버스 한 대가 겨우 들어오는데 그마저도 배차 간격이 길다.

• **교육:** 초등학교가 멀다. 딱 하나 있는 점봉초등학교가 여기서 4.4km. 여주IC 부근까지 나가야 한다. 아이 키우기 무척 고달플 듯.

• **의료, 문화:** 더 안쓰러운 것은 생활 인프라다. 주변 버스 정류장 세 곳을 지나쳐 걸어와도 편의점 하나 안 보인다. 동네 자체가 외딴섬처럼 떨어져 있는 느낌. 중간중간 예쁜 카페는 더러 있다. 그럼 다 어디 숨었느냐고? 작은 마트, 병의원 모두 여주역과 여주IC 부근에 집중돼 있다. 무조건 최소 10분은 차로 나가야 한다는 뜻이다. 대형 마트 역시 여주역 근처에 이마트 여주점(8km)이 있다.

가볼 만한 곳으로는 마을 아래 흔암리 선사유적지가 있다. 여주IC 근처에는 명성황후 생가(6분, 3.6km).

우만동의 장단점

장점: 남한강 조망, 넓은 내외부 도로

단점: 생활 인프라 전무, 교육 여건 불리

경기도 여주시 세종대왕면 번도리: 몇 년만 참자?

위치: 경기도 여주시 세종대왕면 번도리

대지 추정가: 70만~260만 원(평당, 2023년 기준)

입지 패턴: 민간마을

기반 시설: 도시가스 × / 전기지중화 ○

도로교통: ★★★★☆

대중교통: ★★★☆☆

교육: ★★☆☆☆

생활 인프라: ★★★☆☆

대형 인프라: ★☆☆☆☆

추천: 오리지널 전원생활과 미래 가치까지 추구하는 사람

"자리 한번 잘~ 잡았다!" 실제로 가보면 이 말이 절로 나온다. 일단 마을로 들어가는 진입로가 확실히 여주답다. 상당히 넓어서 양방향 통행에 전혀 지장이 없다.

이 마을은 전형적인 '작은 마을'이다. 30세대 안쪽의 아담한 규모로 이미 입주한 세대가 많다. 건축 양식은 가성비를 추구한 일반적인 스타일. 시골 한복판에 놓인 동네지만 입주자들이 모두 신입이라 텃새 걱정이 제로라는 게 장점이다. 귀농, 귀촌을 원한다면 이런 곳이 좋다. 그래야 모두 같은 마음으로 유대감이 금방 형성되니까(자세한 내용은 3부 'Q18. 실제로 텃세가 심한가?' 참고).

주변을 돌아보자. 사방이 온통 논밭이다. 구석에 가면 소 울음소리도 크게 들리는데, 축사가 주변에 은근히 많다. 비가 오면 냄새가 마을까지 퍼질 수도. 이런 부분은 반드시 내려서 걸어야만 알 수 있다. 도보 답사를 꾸준히 권해온 이유다.

아무리 걸어도 주변에 큰 건물 하나 없다. 허허벌판에 차만 쌩쌩 달린다. 하지만 왠지 예감이 좋다. 지도를 보면 그 이유를 정확하게 알 수 있다. 마을 앞의 경강선 세종대왕릉역 주변으로 대규모 개발이 진행 중인 것은 물론, 마을 옆 5km 거리에 서여주IC가 있는 교통의 최적지이기 때문. 느낌상 이런 전원마을, 딱 여기 하나로 끝날 것 같지 않다!

출처: 네이버 지도

🚗 내비게이션 검색어: 매산서원

입지 분석 번도리의 입지는?

• **교통:** 이 마을의 최고 미덕은 교통이다. 일단 중부내륙고속도로가 바로 앞인데, 톨게이트가 고작 10분 거리(5km). 다른 마을에서 또 이야기하겠지만, IC는 너무 가까워도 멀어도 안 된다. 딱 이 정도면 최고.

경강선 세종대왕릉역이 마을 바로 아래 있다. 여기는 차로 5분 거리(1.7km). 역 앞에 주차장이 있어 차를 대고 들어가기도 편하다(이 부분은 평일 출퇴근 답사로 한 번 더 점검하자!).

이렇게 교통이 잘 갖춰져 있는데 당연히 시에서 그냥 놔둘 리 없다. 현재 능서역세권 도시개발사업이 한창 진행 중으로 곧 완공을 눈앞에 둔 상태다.

• **교육:** 마을 바로 앞에 어린이집이 하나 외롭게 서 있다. 유일한 초등학교인 능서초등학교는 마을에서 1km로 아이 혼자 도보로 통학하기에는 살짝 무리가 있다. 또 길 따라 조금 내려가면 세정중학교가 나오는데 차로 6분 거리(3.2km). 시골에서 이 정도면 나쁘지 않다.

• **의료, 문화:** 생활 인프라는 아쉽게도 전무하다. 카페가 딱 하나 있는데, 매일 커피만 마실 수도 없는 노릇 아닌가.

하지만 역시나 세종대왕면 행정복지센터 쪽으로만 나가면 아쉬울 게 없다. 보건소, 도서관, 우체국, 하나로마트 세종대왕농협 본점 등 모두 1km 안팎.

가볼 만한 곳으로는 마을 바로 근처 문익점 선생의 매산서원(500m)이 있다. 위대한 유산 세종대왕릉은 차로 8분 거리(4.2km).

번도리의 장단점

장점: 역세권, 도로 접근성, 개발 분위기

단점: 부족한 생활 인프라

경기도 이천시 마장면 오천리: 더도 덜도 말고

위치: 경기도 이천시 마장면 오천리

대지 추정가: 310만~600만 원(평당, 2023년 기준)

입지 패턴: 나라마을

기반 시설: 도시가스 ○, 전기지중화 ○

도로교통: ★★★☆☆

대중교통: ★★☆☆☆

교육: ★★★☆☆

생활 인프라: ★★★☆☆

대형 인프라: ★☆☆☆☆

추천: 자녀 교육과 힐링을 동시에 추구하는 사람

작정하고 기획한 1호 신도시

더도 말고 덜도 말고 딱 마장지구만 같아라! 그만큼 평화롭고 호젓한데 있을 것은 다 있다. 이곳 마장지구는 2018년 조성을 마친 이천시의 첫 신도시다. 분양 당시엔 교통의 요지라며 꽤 주목받았다. 하지만 그건 아파트 이야기고 단독 필지는 지금까지도 여전히 자리를 못 잡는 상황. 투자처로서 값어치가 작다는 뜻일까? 아이러니하게도 실거주를 중시하는 단독주택 입장에서는 대환영이다. 잘 정돈만 되면 명품 주거지가 될 수도 있으니까!

주변을 한 바퀴 돌아보자. 바둑판같이 반듯한 도로에 학교, 면사무소, 소방서, 경찰서 같은 공공 인프라는 물론 인근에서 가장 큰 마트인 농협 하나로마트까지, 생활에 필요한 모든 것들이 실속 있게 들어찼다. 확실히 이천시가 작정하고 기획한 1호 신도시답다.

여기서 답사 팁 하나 투척. 어디든 도착하면 생활 인프라만큼은 직접 걸어가서 한번씩 이용해볼 것. 예를 들어 도서관을 좋아하는데 마침 가까운 데 있다면 들어가서 물이라도 한잔 마셔보자. 실제 거리를 점검하는 것은 물론, 동네 분위기도 순식간에 파악할 수 있다. 평소 관심 있는 인프라인 만큼 디테일 하나하나가 전부 눈에 쏙쏙 들어오기 때문이다.

이 마을에서는 즐겨 찾는 편의점 두 곳을 직접 가봤다. 분위기가 영 썰렁한 마을도 많은데 이곳은 달랐다. 두 편의점 모두 활력이 넘쳤다. 유독 아이들이 자주 들락거렸는데, 그 덕분인지 편의점 위층의 작은 가게들까지 모두 살아 있는 느낌이었다.

마을 옆구리 쪽으로 돌아가봤다. 산책길과 함께 야트막한 냇물이 굽이쳐 흐른다. 지금까지 본 중 가장 예쁜 개울가였다. 넓고 잔잔한 게 햇살을 받아 반짝반짝. 동네 이런 곳 하나 있으면 소화제가 필요 없다. 식사 후 즐겁게 한 바퀴만 걸어도 소화 뚝딱이다.

아쉬운 점이 있다면 단독 필지 바로 옆에 붙은 다가구주택들이 살짝 불안하다. 1종 전용주거지역, 1종 일반주거지역이 경계 없이 모호한데, 다가구와 단독이 무작위로 섞일 가능성이 있다. 항상 강조하지만 단독주택은 단독주택끼리 있을 때 빛난다. 그럼 이럴 때는 어떡하냐고? 시간 여건이 충분하다면 다른 집들 들어오는 것 먼저 지켜보고, 그다음 적절한 곳을 골라 토지를 매입, 건축 타이밍을 잡는 게 상책이다(평택시 고덕지구 참고).

입지 분석 오천리의 입지는?

• **교통:** 덕평IC 5분 거리. 이거 하나로 도로교통은 끝이다. 또 근처에 서울세종고속도로가 개통 예정이고 수도권제2순환고속도로도 있으니 향후 접근성도 굿. 이 동네는 주변 5km 안에 IC만 네 개다. 그야말로 교통의 요충지가 따로 없다. 자차만 있다면 너무나도 편리한 입지.

하지만 아쉽게도 철도가 없다. 주변 어디에 하나쯤 들어올 법도

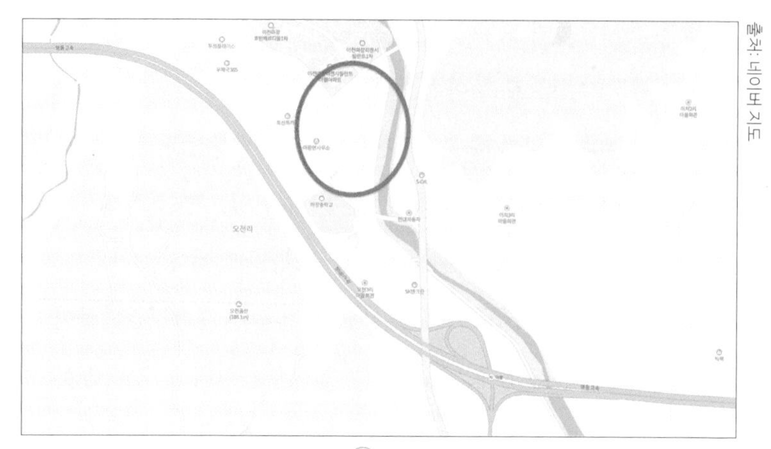

출처: 네이버 지도

내비게이션 검색어: 마장행정복지센터

한데 말이다. 2023년 현재 평택~부발선의 마장지구 통과 여부를 두고 논의 중이니 지켜볼 수밖에.

그럼 버스는? 좀 낫다. 서울 가는 동부고속 시외버스가 하루 여덟 대 있다. 강남터미널까지 약 1시간 소요. 최근에 하나 더 추가됐다. 강남행 광역 버스로 마장면행정복지센터 앞에서 타면 된다(3401번).

• **교육:** 교육 환경도 좋다. 마장초등학교 800m, 마장중학교 500m, 마장고등학교 1.5km. 이 정도면 거의 초·중·고를 품었다고 볼 수 있다. 아이가 있는 집이라면 대환영 입지.

• **의료, 문화:** 생활 인프라는 마을 앞에 작은 상업지구와 상가주택 위주로 형성돼 있는데, 괜찮은 프랜차이즈들이 많이 보인다. 그중 최고는 농협하나로마트. 바로 옆 용인시 전원마을들에서도 다 이

곳을 이용할 만큼 상품 수도 많고 규모도 상당하다.

아쉬운 것은 대형 병원. 이천 시내 쪽으로 나가야 찾을 수 있다. 경기도의료원 이천병원(13km). 참고로 아예 분당 쪽 병원으로 올라가는 주민들도 많다고.

주변에 가볼 만한 곳으로는 이천시의 대표적인 문화시설인 설봉공원(14km), 이천도자예술마을 예스파크(10km), 롯데프리미엄아웃렛 이천점(5km) 등이 있다.

오천리의 장단점

장점: 도로교통 우수, 아늑한 자연환경, 초·중·고 인접

단점: 자리 잡지 못한 마을, 철도 부재

경기도 이천시 송정동: 아이 키우기 딱 좋아

위치: 경기도 이천시 송정동

대지 추정가: 260만~300만 원(평당, 2023년 기준)

입지 패턴: 민간마을

기반 시설: 도시가스 ×, 전기지중화 ×

도로교통: ★★☆☆☆

대중교통: ★★★☆☆

교육: ★★★☆☆

생활 인프라: ★★★☆☆

대형 인프라: ★☆☆☆☆

추천: 자녀 교육에 관심이 많은 사람, 이천 시내에 직장이 있는 사람

아이 키우기 딱 좋은 마을이다. 분위기도 동화 같다. 예쁜 집들이 언덕을 따라 죽 늘어서 있다. 작달막한 타운하우스 밀집 지역으로, 집집마다 똑같이 마당에 주차 공간 한 대씩 냈다. 정원도 아담해 딱 3~4인 가구 맞춤형.

거실 향이 독특하다. 분명 남쪽에 아리산이 있어 남향으로는 시야가 불편할 텐데 굳이 그쪽으로 마당을 냈다. 왜일까? 북쪽으로는 이렇다 할 조망이 없거니와 앞의 숲이 감싸줘 아늑한 느낌이 들어서인 듯하다. 이와 비슷한 사례가 양평군에 있다. 거기도 남쪽이 산으로 막힌 집이 많지만 이곳과는 다른 선택을 했다. 굳이 남향을 고집하지 않고 아예 거실을 북쪽으로 뺐다. 그쪽에 멋진 남한강이 내려다 보여서다. 거실 향은 이렇게 취향에 따라 갈린다.

마을 위치 자체는 사통팔달과 거리가 좀 있다. 아래로 산, 위로 언덕이 있어 원형으로 폐쇄된 분지 모양. 하지만 딱히 답답한 느낌은 주지 않는다. 오히려 아파트 쪽 경계면 언덕에 예쁜 산책로가 있어 포근하다.

아쉬운 점이 있다면 내부 도로. 차가 한번 들어가면 빠져나갈 데 없이 길다. 그럼 길가에 대놓은 차량이라도 없어야 양방향 통행이 편할 텐데, 그것도 영 아니다. 좁은 외도로에서 네가 갈래 내가 갈까 눈치싸움 한 판은 필수. 게다가 이 마을, 공사가 2023년에도 현재 진행형이라 이곳저곳 공사 차량과 장비가 지나다녀 더 복잡하다. 공사의 큰 그림, 작은 그림이 다 완성되면 뭔가 좀 달라질까 기대해보는 수밖에(저 아래 큰길까지 계속 부지 공사가 이어지는 걸 보니, 자못 큰 마을의 위용도 예상된다).

이 지역은 이천 주민들 사이에서도 만족도가 꽤 높은 곳으로 유명하다. 이런 걸 어떻게 파악하느냐고? 꿀팁 전수한다. 이렇게 동네가 아파트 단지와 붙어 있는 곳은 아파트 거래 사이트의 거주 후기를 자세히 들여다볼 것. 동네 분위기뿐만 아니라 자잘한 지역 정보까지 속속들이 파악할 수 있다. 그중에서도 전월세 세입자 의견에 특히 주목하라. 객관적인 시각으로 비판 의견을 가감 없이 적어놨다. 그럼 집주인 의견은? 그냥 거르자. 대한민국 어떤 집이든 무조건 찬양 일색이니까(역으로 그런 글이 집주인이 쓴 글이라 보면 된다).

마을 바로 앞엔 빌라촌이 있다. 그 앞으로 아파트, 또 그 앞으로 상가들이 도로를 따라 길게 늘어섰다. 슬쩍 봐도 건물 상층부까지 가게가 꽉꽉 들어차 있어 작은 상권임에도 활력이 느껴진다. 이유는? 역시 아이들이 많아서다.

입지 분석 송정동의 입지는?

- **교통:** 이천시청에서 살짝 떨어져 있다. 하지만 중부고속도로나 성남 방향 3번 국도가 가까워 도로교통은 괜찮다.

시청 앞으로 경강선 이천역에 이천종합터미널까지 대중교통도

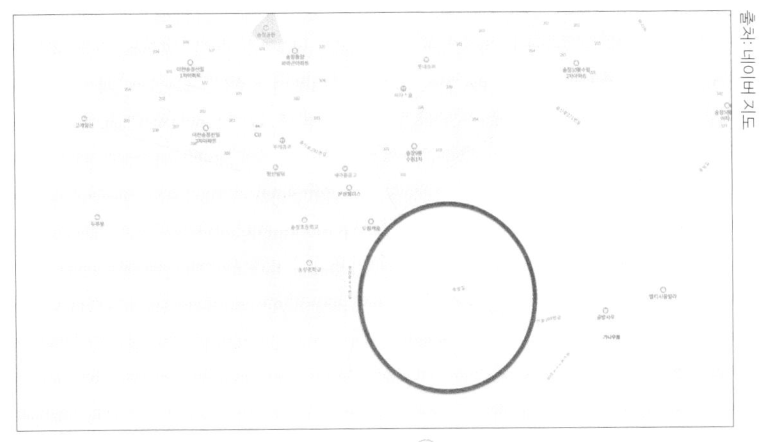
출처: 네이버 지도

내비게이션 검색어: 이천송정초

나름 훌륭한 편. 그야말로 시청 프리미엄 제대로다. 특히 광역 버스는 잠실광역환승센터로 가는 G2100이 마을 근처까지 들어온다. 또 서울에서 오는 SK하이닉스 셔틀버스의 주요 정차 코스 중 하나가 바로 여기다.

• **교육:** 아이들 교육은 말 다했다. 이천초등학교, 이천중학교가 코앞이다. 도보 5분 거리. 그렇다 보니 아파트 앞 상가는 아이들로 북새통이다. 덕분에 다양한 학원이 상가 건물을 빈틈없이 메웠다.

• **의료, 문화:** 이렇게 아이 키우기 좋으니 생활 인프라도 활성화됐다. 유명 프랜차이즈부터 약국, 식당까지 없는 게 없다.

다만 신도시가 아니다 보니 대형 인프라는 차 타고 조금 나가야 한다. 시청 쪽 증포동에 이마트 이천점과 롯데마트 이천점(둘 다

4.2km), 설봉호수 쪽에 경기도의료원 이천병원(2km)이 있다.

아, 이 동네엔 꽤 큰 호재가 있다. 바로 2023년 완공 예정인 부악근린공원. 마을 바로 뒷산에 조성되는데, 잔디 마당, 키즈 카페, 가족피크닉장, 어린이 정원 등 레저 문화 종합 선물 세트다. 그래서 그런가, 인근에 대단지 아파트 공사도 한창이다.

가볼 만한 곳으로는 설봉호수공원(2.3km), 세종대왕릉(22km) 등이 있다.

송정동의 장단점

장점: 교육 환경 우수, 저렴한 가격

단점: 취약한 철도망

경기도 광주시 능평동: 분당 옆 왕관의 무게

위치: 경기도 광주시 능평동

대지 추정가: 250만~680만 원(평당, 2023년 기준)

입지 패턴: 민간마을

기반 시설: 도시가스 ×, 전기지중화 ×

도로교통: ★☆☆☆☆

대중교통: ★☆☆☆☆

교육: ★☆☆☆☆

생활 인프라: ★☆☆☆☆

대형 인프라: ★★★★☆

추천: 분당 옆, '집콕' 생활이 가능한 사람

대표적인 수도권 난개발형 마을

"분당 프리미엄을 누려라!"라는 슬로건 아래 마구잡이로 단독주택을 올린 수도권 대표 난개발 지역 중 하나. 내가 유튜브에서 "집만 보지 말고, 입지를 보라!"라고 입이 닳도록 떠든 이유 중 많은 지분을 차지한 동네다. 단독·전원생활에 관심 있다면 꼭 한 번 직접 현장을 둘러보길 바란다.

구 오포읍, 현 능평동과 신현동은 지역 전체가 구릉이나 낮은 산지다. 집들이 산 능선을 따라 올라가며 지어졌는데, 저게 한때 산이었을까 싶을 만큼 촘촘하게 메꿔졌다. 그 사이사이 송전탑들이 삐죽삐죽.

하지만 여기서는 누구도 개의치 않는다. 당연하다. 그것보다 훨씬 더 예민한, 좁고 미로 같은 도로가 있어서다. 아래는 빌라 위는 단독주택, 구축 위에 신축 또 신축… 이런 식으로 집들은 계속 밀도를 높여가는 데 비해 중심 도로에서 마을로 들어가는 세부 도로들은 하나같이 점점 더 좁아지니 한편으로 당연한 결과다.

따라서 출퇴근길은 '아묻따' 헬게이트다. 저 꼭대기에서 아래 큰길까지 내려가려면 새벽 일찍 나가는 것 외에 다른 방법이 없다. 또 좁은 길에서 마주 오는 차를 만나면 손짓 발짓 수신호는 기본, 때론 후진 기어도 능숙하게 넣을 줄 알아야 한다. 여기에 눈비까지 오면 차를 그냥 집에 두고 오는 편이 낫다. 어찌어찌 겨우 큰길까지 차를 끌고 나와봐야 귀성행렬처럼 도로에 죽 늘어선 자동차들로 한숨만 나오니까. 게다가 하필 주변에 대형 추모공원이 많아 명절 겹치면 숨도 제대로 못 쉰다.

인구마저 폭발이다. 최근 지어진 능평초등학교로 지역 상황을 짐작해볼 수 있는데, 땅이 부족해 학교가 아파트처럼 됐다. 지하 2층에 지상 5층, 운동장은 옥상.

이렇게 아이들이 많아진 데는 분당 학군에 대한 희망이 한몫했다. 세대수가 폭증하면서 학군이 자연스레 이슈로 떠올랐는데, 분당 인접 능평동 근처에는 이렇다 할 고등학교가 없었다. 따라서 이곳 학생들은 멀게는 약 20km 떨어진 광주시청 부근까지 통학하게 됐다. 단지 관할 행정구역이 다르다는 이유로 말이다. 불편 민원이 거듭되자 분당구는 한시적으로 분당고등학교 입학을 허락, 이에 '여기 살면 분당 명문 학군 진학한다'라는 소문이 퍼져나갔고 주변 인구를 더 빨아들이는 결과를 초래했다.

자, 이쯤에서 혼란을 막기 위해 정리한다. 능평동 산다고 분당 학군 확정? No. 분당구의 조치가 언제든 철회될 수 있음을 기억하자. 혹시라도 학군 세탁을 미끼로 한 분양업자들의 선동에 놀아나는 일만은 없길.

마을 내부로 들어가봤다. 대낮인데 차량이 상당히 많다. 아래 빌라촌 중간중간에는 불법 주차 단속 현수막이 여기저기 나붙었다. 그만큼 주차난이 심각하다는 의미다.

근본적인 해결? 불가능하다. 신도시처럼 싹 다 밀고 재개발 아니면 답이 없는데, 뭘. 이해가 안 되는 것은 상황이 이런데도 최근 생긴 신축은 물론 터파기 공사 중인 빌라들이 여전히 많다는 것. 왜 광주시는 이렇게 계속 허가를 내줄까? 업자들의 "옆집도, 뒷집도 되는데 우린 왜 안 돼요?"에 딱히 할 말이 없어서? 그야말로 전형적인 행정 대참사다.

이런 곳에서는 내비게이션을 믿지 마라. "100m 앞에서 좌회전하세요"라는데 골목이 하도 많아 위치를 도통 분간하기 힘들다. 그냥 내비게이션을 끄고 감으로 올라가는 수밖에. 골목이 꺾인 각도도 상당하다. 90도는 물론 120도마저 예사다. 평소 잊어버렸던 볼록 거울의 존재감이 여기서 폭발한다. 코너를 돌 때는 습관적으로 볼록 거울부터 바라보자. 혹시라도 다른 차가 튀어나오면 큰일이니까. 아, 끊긴 길도 무척 많다. 일단 마주쳤다면 절대 당황하지 말고 천천히 후진 기어 넣고 여유 있게 백미러를 살펴보자(적어놓고 보니 아무래도 초보는 좀 힘들겠다).

위로 올라갈수록 최신 스타일의 세련된 단독주택이 하나둘 등장. 여기가 방금까지 본 그 헬게이트 맞는지 두 눈을 의심할 정도다. 위례, 판교, 평창동 스타일까지 모두 이 꼭대기에 들어앉았다. 대략 10억 원 이상의 고가 단독주택들로, 유튜브에 밥 먹듯 올라오는 럭셔리 단독주택의 소재지는 대부분 여기다.

완판에 완판, 1차, 2차, 3차… 이 마을 공사는 아직 끝나지 않았다. 아니, 아래 빌라촌 주차장과 골목길을 직접 보고도 여기를 고른다고? 혹시 분양업자들이 아랫동네 안 보이게 손님을 무슨 헬기로 실어 나르나? 아니면 "나는 집콕이라 동네는 어디든 상관없어"라는

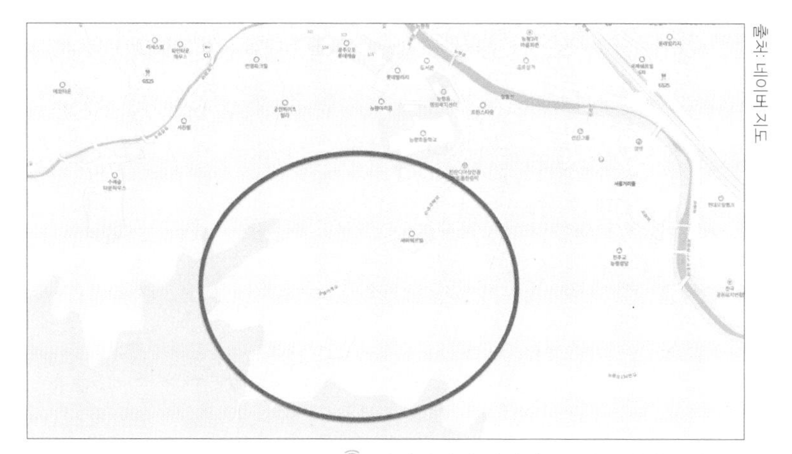

출처: 네이버 지도

내비게이션 검색어: 능평동행정복지센터

논리? 이쯤 되면 파는 사람도 사는 사람도 서로 이해가 잘 안 되는, 그야말로 '요지경 동네'인 게 분명하다.

입지 분석 능평동의 입지는?

- **교통:** 주도로는 분당과 이어지는 57번 국도 태재로. 숨 막히는 정체는 앞서 말한 대로 악명이 자자하다. 단 이 지역 아래쪽에 43번 국도 포은대로가 이어져 있는데 그 근처 사람들만큼은 살짝 숨구멍이 트였다.

- **의료, 문화:** 생활 인프라는 마을 아래 큰길에 배치돼 있다. 인구가 워낙 많으니 생활 인프라도 다양해서 좋기는 하다만, 안타깝게도

꼭대기일수록 내려오기 힘들다.

이러니저러니 해도 이 마을의 가장 큰 혜택은 역시 대형 인프라. 마을 중심에서 분당 서울대학교병원은 11.4km, 이마트 죽전점은 10km. 그 밖에 분당의 수려한 공원들과 다양한 즐길 거리는 굳이 설명하지 않아도 알 것이다.

능평동의 장단점

장점: 분당 인프라 접근성

단점: 전형적인 난개발형 입지

경기도 광주시 퇴촌면 관음리: 내비게이션을 믿지 마세요

위치: 경기도 광주시 퇴촌면 관음리

대지 추정가: 170만~240만 원(평당, 2023년 기준)

입지 패턴: 민간마을

기반 시설: 도시가스 ×, 전기지중화 ×

도로교통: ★☆☆☆☆

대중교통: ★☆☆☆☆

교육: ★☆☆☆☆

생활 인프라: ★★☆☆☆

대형 인프라: ★☆☆☆☆

추천: 팔당호와 자연을 가까이 두고 싶은 사람

자연은 좋지만 교통은 글쎄

퇴촌면 관음사거리에서 우산천을 따라 죽 들어가면 온통 빌라뿐이다. 그럼 전원마을은? 아무리 근처를 돌아도 전혀 보이지 않는다. 이럴 땐 둘 중 하나다. 빌라 단지 안에 섬처럼 들어가 있거나 아니면 아예 그 너머 산 바로 아래 작은 마을을 형성했거나. 관음리는 두 가지 모두에 해당한다. 일단 빌라들 틈을 비집고 들어가보자. 그래야 뭐든 나올 테니까.

아, 혹시 자동차 내비게이션을 켰다고? 당장 꺼라. 길이 하도 꼬여 있어서 내비게이션 안내를 그대로 듣다가는 엉뚱한 곳으로 빠지기 쉽다. 심지어 빌라 내부를 통과해 뒷문으로 빠져야 이어지는 길도 있으니 말이다. 대체 집들을 왜 이렇게 지었을까? 또 시청은 왜 이렇게 마구잡이 허가를 내줬을까? 운전하는 내내 입에서 욕이 자동으로 튀어나올 수 있으니 19세 미만은 가급적 동승을 삼가길.

겨우겨우 빌라 숲을 빠져나가면 드디어 하나둘 보이는 산 아래 전원주택. 한적하고 여유로운 시골 풍경이 올랐던 혈압을 차츰 내려준다. 하지만 여기도 문제는 길이다. 거의 농로 수준의 좁은 도로가 메인인데, 이걸 또 양쪽으로 계속 가지치기했다. 들어가면 갈수록 좁아진다. 좁기만 하랴, 경사로 쪽은 정비 상태도 엉망이라 분명 맨땅임에도 바퀴까지 헛돈다. 아니나 다를까, 아까부터 여기저기 현수막들이 보인다. "땅 주인은 도로 문제를 해결하라!" 사람들 생각은 대부분 비슷한가 보다.

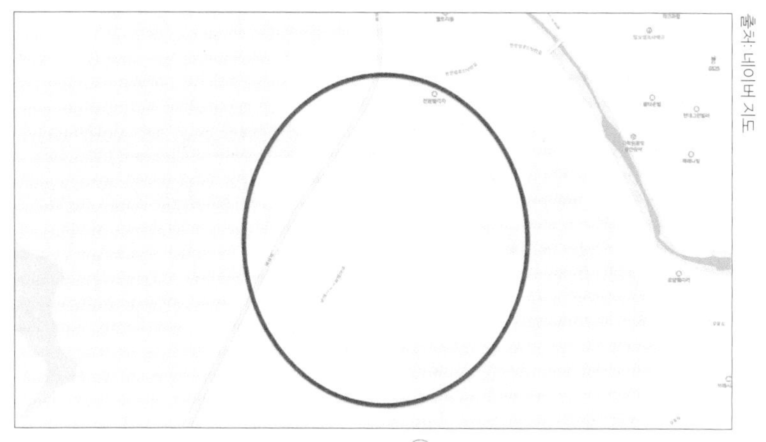

출처: 네이버 지도

내비게이션 검색어: 전원빌리지

입지 분석 관음리의 입지는?

• **교통:** 도로는 동네에 처음 진입할 때 이용한 천진암로가 중심이다. 이 길을 따라 양재역까지 가는 광역 버스도 오간다(3800번). 또 다리 건너 45번 국도와 만나 중부고속도로 광주IC까지 연결되고(9km). 그만큼 천진암로는 관음리의 대동맥인데, 이게 하필 왕복 이차로, 편도로는 그냥 외길이다. 그러니 차 한 대라도 잠깐 멈추면 이 일대는 순식간에 주차장으로 변하기 일쑤다. 답사하면서도 이미 수차례 겪었다. 관음리에서는 무엇보다 이 도로 확장이 가장 시급한 문제다.

• **교육:** 학교는 근처에 도수초등학교가 있다(2.4km). 이렇게 복잡한 동네에서 스쿨버스를 운영한다니 얼마나 다행인지! 광수중학

교도 바로 뒤에 붙어 있어 아이 키우기 나쁜 환경은 아니다.

• **의료, 문화:** 생활 인프라는 큰길로 나오면 도로에 죽 붙어 있다. 중형 마트, 편의점, 심지어 한살림까지. 빌라 덕분에 기본 인구가 있어 이런 점은 좋다.

조금 큰 인프라는 퇴촌면사무소 쪽으로 가면 된다. 차로 10분 거리(3.6km). 근처에 농협, 우체국, 하나로마트, 작은 병의원까지 있다. 참고로 가까운 종합병원은 광주 시내 참조은병원(11.6km).

가볼 만한 곳으로는 서울의 젖줄 팔당호(3km), 퇴촌식물원(700m) 등을 꼽는다.

관음리의 장단점

장점: 산 밑의 아늑함, 팔당호 전경

단점: 다세대 난립, 뒤엉킨 도로

경기도 성남시 분당구 구미동: 은퇴 후는 여기다!

위치: 경기도 성남시 분당구 구미동

대지 추정가: 1,600만~2,030만 원(평당, 2023년 기준)

입지 패턴: 나라마을

기반 시설: 도시가스 ○, 전기지중화 ○

도로교통: ★★★★☆

대중교통: ★★★☆☆

교육: ★☆☆☆☆

생활 인프라: ★★☆☆☆

대형 인프라: ★★★★☆

추천: 큰 평형과 집 근처 대형 병원을 원하는 사람

냄새가 난다. 평창동, 성북동에서 나던 그 냄새다. 전형적인 부촌의 냄새. 코를 벌렁거리며 근원지를 찾아봤다. 저 성벽같이 치솟은 높다란 담장에서 나는 게 분명했다.

여기가 제대로 된 실버타운이다. 외곽의 흔한 아파트형 요양원이 아니다. 딱 시니어 맞춤형 전원마을. 대형 병원 코앞이지, 시내와 가깝지, 주변이 온통 숲이지. 성공한 회장님이 노후 보내기 딱 좋은 곳이 바로 여기 아닐까. 평창동, 성북동 같은 유명세도 없으면서, 그보다 훨씬 작고 경사마저 완만하다. 가치를 아는 사람만 들어오라는 듯이. 그래서일까? 고급 단독주택은 물론 초기 타운하우스 대형 평형, 대형 빌라가 유독 자주 눈에 띈다. 이 역시 평창동, 성북동과는 다른 점이라 할 수 있겠다.

가는 길. 분당서울대학교병원을 지나면 작은 언덕 하나가 보인다. 그곳에서 가장 큰 건물이 서울시니어스타워. 고가의 실버타운으로 유명한 곳이다. 이게 왜 여기 들어와 있을까? 당연히 수요가 있으니까! 동네 초입부터 마을 캐릭터를 알 수 있는 대목이다.

'빌라 단지'라는 이정표를 따라 들어오면 오래된 저층 빌라가 죽 줄지어 있다. 그런데 동네에서 흔히 보던 그것들과는 크기부터 다르다. 단독주택 스타일로 왠지 묵직한 느낌. 아파트의 대안으로 한때 유행한, 고급 타운하우스와 고급 빌라가 바로 이분들 되시겠다. 대개 넓은 주차장이 지하나 외부에 있고, 집은 한 층 더 올라가 몇 세대

드문드문 놓인 방식. 어쨌 마당보다 차고지를, 예쁜 조경보다 차량을 더 우선한 듯하다. 예전 '마이 카 붐'의 흔적이랄까. 취향에 맞는다면 참고할 만하다.

도로도 무척 신경을 썼다. '도로 막힘'이라는 친절한 바닥 안내 글은 평창동이나 이런 대형 단지에서만 볼 수 있다. 저 글자 하나 있고 없고의 차이는 크다. 초행길 배려는 물론, 관리받는 동네라는 이미지에도 한몫하니까. 또 마을 내부 보행자 전용 통로도 상당히 넓다. 안에 배수구가 큼직한 것을 보니 유사시 물길로 사용하는 듯하다. 부자 동네는 이렇게 재난에도 철저하게 대비한다.

반면 낭떠러지처럼 깊은 골이 그대로 방치된 곳도 보인다. 펜스나 안전장치도 전혀 없다. 잘 정비된 마을에서 옥에 티다.

집마다 차고지가 있는데도 길 밖으로 나와 있는 차량이 다수. 일부 골목은 양쪽으로 빼곡하게 주차돼 있을 정도다. 세대별 보유 차량이 두 대 이상이라 그런 듯하다.

현재 이곳에 빈 땅은 거의 없다. 또 불곡산 위로 송전탑이 눈에 확 들어오는데, 호불호가 예상된다. 딱 거기만 넘어가면 바로 용인 시작점.

훌륭한 것은 어느 골목이든 위로만 올라가면 바로 등산로와 이어진다는 것. 산책을 좋아한다면 홀딱 반할 만하다. 게다가 길 초입엔 다양한 운동기구와 시골 향수 담뿍 묻어나는 작은 우물까지!

그런데 좀 특이한 게 있다. 마을 끝에 웬일로 작은 상업지역이 붙어 있다. 맛집이라도 있는지 점심시간에는 주차가 힘들 정도로 붐빈다. 추가로 언덕 쪽에 또 다른 상가 빌딩도 들어서는 중이다. 마을에 꼭 필요한 생활 인프라가 확충되면 좋으련만 좀 더 두고 볼 일이다.

향은 마을 전체가 살짝 북향. 오른쪽과 아래에 불곡산이 바로 붙어 있어 볕이 좋지 못하다. 하지만 대지 크기가 넓다면 상관없다. 집을 최대한 북쪽으로 빼면 마당으로 남향 볕이 잘 들어올 테니까.

입지 분석 **구미동의 입지는?**

- **교통:** 도로망, 확실히 분당구답다. 반듯반듯 자로 잰 듯하다. 따라서 시내와의 접근성은 매우 쾌적하다. 하지만 조금 아쉽게도 여기는 분당구에서도 가장 끝자리다. 서울 강남역까지 차로 약 40분 거리(23.4km).

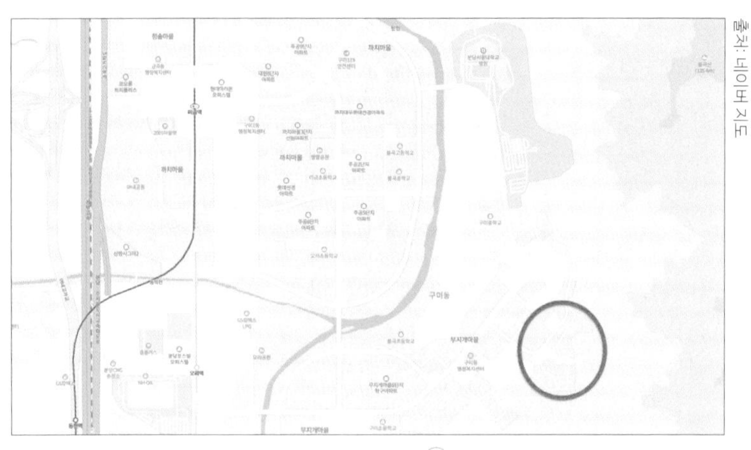

출처: 네이버 지도

내비게이션 검색어: 한신타운

• **의료, 문화:** 생활 인프라는 마을 끝에 조그맣게 상업지역이 붙어 있지만 주로 맛집 위주로 구성돼 많이 빈약하다. 차라리 자차로 오리역 상권을 이용하는 편이 더 낫다(2.2km). 대형 마트 같은 인프라도 모두 그쪽에 모여 있다. 병원은 마을 초입 분당서울대학교병원, 차로 5분 거리(1.4km).

그 밖에 가볼 만한 곳으로는 잘 정비된 탄천과 수변공원들(1.1km). 마을 뒤쪽에는 불곡산 산책로가 바짝 붙어 있다.

구미동의 장단점

장점: 큰 병원, 대형 평형, 숲세권

단점: 적막하고 폐쇄적인 분위기

경기도 성남시 분당구 판교동: 판교 신혼부부가 사는 곳

위치: 경기도 성남시 분당구 판교동

대지 추정가: 2,500만~2,800만 원(평당, 2023년 기준)

입지 패턴: 나라마을

기반 시설: 도시가스 ○, 전기지중화 ○

도로교통: ★★★★☆

대중교통: ★★★★☆

교육: ★★★★☆

생활 인프라: ★★☆☆☆

대형 인프라: ★★★★☆

추천: 프라이빗한 단독주택 생활을 원하고 자녀 교육에 관심 많은 사람

혹시 '판교 신혼부부'라는 말을 들어본 적 있나? 본가는 서래마을, 신혼집은 판교에 있을 것 같은 전문직 신혼부부를 뜻하는 신조어인데, 현대인의 가장 이상적인 부부상을 반영했다며 한때 SNS를 뜨겁게 달궜다.

만일 실제로 그들이 여기·판교에 산다면? 천편일률적인 아파트를 선택하지는 않을 것 같다. 아마 이곳 판교동처럼 세련된 단독마을에 살지 않을까? 그만큼 국내에서 '영'하고 핫한 단독주택은 다 여기 모여 있다.

마을 내부 모습은 바로 윗동네 운중동과 비슷하다(거기도 부를 때는 다 같이 판교다). 좁은 필지가 바둑판처럼 촘촘히 모여 있는데, 건축 양식이 참 독특하다. 대부분 외벽을 필지 경계선 따라 '밖으로' 둘러쳤다. 그래서 동네를 겉에서 보면 콘크리트 블록이 길 따라 죽 늘어선, 다소 딱딱하고 무정한 모양새다. 이곳을 한 바퀴 돌다 보면 마치 군대가 만든 거대한 요새 안에 들어온 기분. 혹자는 이를 '중정형 단독'이라고도 부르기도 한다.

이런 독특한 건축 양식은 이곳의 '2기 신도시 판교 지구단위계획'이 원조다. 내용을 뜯어보면 이렇다. '담장은 높이 1.2m의 화관목(花灌木)류의 생울타리만 가능', '땅의 한 면을 대지 경계선으로부터 2.5m 이격해 공유공지를 만들 것', '경사지붕 원칙' 등 주로 단독주택의 형태 자체를 제한했다. 이유는? '이웃과의 소통과 외부 공간의 효율적 활용'이란다.

하지만 실제로 화관목 울타리는 두꺼운 외벽으로, 공유공지는 주차장으로 모두 변주됐다. 어쩜 이리도 조문의 허점을 제대로 공략했는지! 재밌는 것은 이 지구단위계획을 다른 단독마을도 그대로 베꼈다는 것이다. 위례, 평택시 고덕 등이 그 예다. 그야말로 탁상행정을 보기 좋게 역이용한 반전 사례라 할 수 있다.

누군가는 판교동의 단독마을을 보고 "그래도 이건 너무 삭막해"라고 말한다. 반대로 "프라이버시 완벽해서 더 좋은데?"라는 사람도 있고. 이렇게 호불호가 판이하게 갈린다.

하지만 집을 누구 보여주려고 짓나? 그 안에 사는 본인들만 행복하면 그뿐. 이제는 하나의 스타일로 굳어진 이 건축 양식을 아예 '판교 스타일'로 칭하고 고유성을 인정하는 것은 어떨까. 단독주택의 여러 장점 중 독립성 하나만큼은 그야말로 '넘사벽'일 테니까!

또 하나 특이한 점. 개별 필지는 평균 70평으로 작은데 마을 전체 크기가 무척 크다. 다 같이 돌자, 동네 한 바퀴? 곡소리 난다. 마을 끝에서 끝까지 직선거리만 2km가 훌쩍 넘는다. 오죽하면 '서판교=단독주택'이라 부를까. 단독마을 전체가 긴 사각형으로, 대략 17만 평이라는 어마어마한 크기. 좁은 변이 긴 형태로 남쪽을 향해 있다. 따라서 남향을 고집하면 부득이하게 앞집 뒤통수를 바라볼 수밖에 없는 운명.

무엇보다 눈에 띄는 것은 경부선 쪽 라인에 들어선 기다란 녹지공간이다. 건폐율이 높아 빌딩처럼 촘촘한 마을 내부와는 달리, 시야가 단번에 확 트인다. 아, 경부고속도로 소음은 어떠냐고? 긴 인공녹지 고개 위에 방음벽이 바로 붙어 있고 그 너머 멀리서 차들이 움직인다. 그만큼 이격 거리뿐만 아니라 설치물도 매우 촘촘한 편. 그래서 차 소리가 별로, 아니 거의 넘어오지 않는다.

장점 하나 더, 마을 커뮤니티. 워낙 활동적이라 타의 모범이 될 정도다. 마을 출생 연도가 2003년이라 당연히 시설 곳곳이 부식되고 낡아야 정상인데, 커뮤니티 활동 덕에 어딜 가도 참 단정하다. 분명 이곳저곳 여러 번 개보수를 진행했을 듯(이 부분은 용인시 동백지구와 비교). 또 이를 통해 주거지 유해시설 입점을 막거나 다양한 취미, 운동 모임을 갖는 등 다른 마을에서 보기에 부러울 만큼 유대감이 좋다고 소문이 자자하다.

물론 아쉬운 부분도 있다. 바로 도로 한쪽에 길게 줄지어 늘어선 차량들. 길가 표지판에는 분명 '야간에만 주정차 허용'이라고 써 있는데, 가보면 평일에도 그냥 막 대놨다.

반면 옆 동네 운중동은 다르다. 비록 근처 회사원 대상이라고는 하지만 마을 앞에 유료 주차장을 마련하는 등 나름 노력하는 모습이다. 판교동도 이렇게 손님 뜸한 판교박물관과 그 앞 유휴부지를 활용해 주차시설을 늘리는 것은 어떨까? 다 같이 대안을 고민해봤으면 좋겠다.

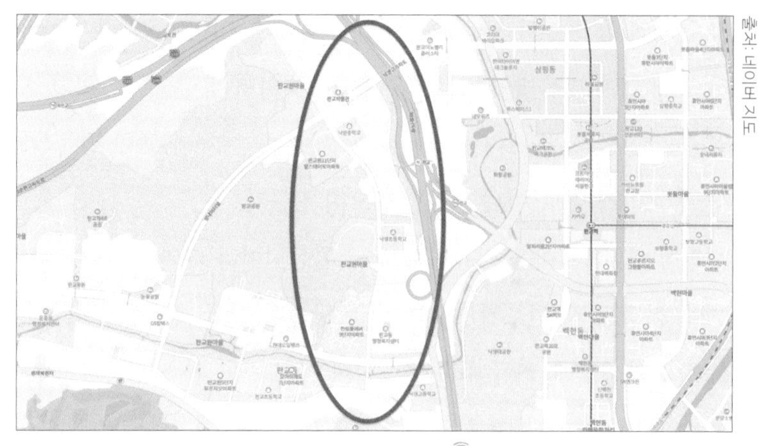

출처: 네이버 지도

🚗 내비게이션 검색어: 낙생초

입지 분석 판교동의 입지는?

• **교통:** 그야말로 롤 모델이다. 마을 주변을 지나는 큰 도로만 해도 수도권제1순환고속도로, 경인선, 경부선, 용서선까지 도합 네 개나 있다.

지하철은 또 어떤가. 신분당선 판교역(3.4km)에 운중동 쪽 월판선 서판교역까지 하나 더 대기 중이다(2026년 완공 예정). 또 마을 위쪽으로는 버스가 다니는데, 단순 주거지에 차량이 무려 일곱 대씩이나 정차한다. 씨줄과 날줄처럼 촘촘하게 짜인 교통망, 여기 판교 말고 딴 데서는 좀처럼 보기 힘들다.

• **교육:** 교육 환경도 완벽하다. 낙생초등학교, 낙원중학교, 낙생고등학교. 모두 단지 안에 배치됐다. 하도 단지가 커서 걸어서는 좀

힘들지만 모두 모인 것만으로도 축복. 또 낙생고는 오래전부터 학부모 사이에서 인기 있는 '워너비' 학교다.

• **의료, 문화:** 생활 인프라 역시 빼곡하다. 낙원중 뒤쪽 성내미육교 부근으로 중형 마트, 식당 등이 진을 치고 있다. 아래 판교행정복지센터 쪽에는 다양한 프랜차이즈가 줄을 섰고. 그도 그럴 것이 주변이 온통 아파트 단지라 수요가 넘쳐흐르니까.

가볼 만한 곳으로는 곳곳에 크고 작은 녹지와 수변공원, 판교 도서관(1.7km) 등이 있다. 또 조금만 나가면 유명한 종합병원과 국내 굴지의 대기업이 모인 판교테크노밸리(3.3km). 단독마을임에도 갈 곳이 워낙 많아 지루할 틈이 없다.

판교동의 장단점

장점: 완벽한 인프라, 철저한 프라이버시

단점: 개방, 공유의 감성은 찾기 힘듦

경기도 용인시 수지구 상현동: 특별하고 특별하다!

위치: 경기도 용인시 수지구 상현동

대지 추정가: 1,130만~1,400만 원(평당, 2023년 기준)

입지 패턴: 나라마을

기반 시설: 도시가스 ○, 전기지중화 ○

도로교통: ★★★★☆

대중교통: ★★★★☆

교육: ★★☆☆☆

생활 인프라: ★★★☆☆

대형 인프라: ★★★★☆

추천: 숲과 자연, 인프라까지 모두 놓치고 싶지 않은 사람

광교는 숲이다. 마을 전체를 사방에 숲들이 둘러싸고 있기 때문이다. 어떻게 이런 곳에 절묘하게 단독마을을 앉혔나 싶다. 크게 두 개 주택지역(블록), 한 개 상업지역으로 나뉘어 있는데, 그 사이에 상가들이 있다. 주변 아파트의 생활 상권은 실속 있게 다 취하는 동시에 커다란 숲을 양쪽에 두다니. 그야말로 외모와 내실을 한꺼번에 잡았다. 어쩌면 여기가 신도시 전원마을의 모범 입지 아닐지 감히 추측해볼 정도다.

바로 들어가보자. 입구에 차단기가 보인다. 따로 경비원이 상주하지 않고 막대기만 형식적으로 오르락내리락할 뿐이지만 없는 것보다는 낫다. 보안에 신경 쓰는 모양새만으로도 효과는 충분하니까.

마을은 하나같이 깔끔하다. 특히 도로가 인상적인데, 원형으로 돌려서 가운데 주차 공간을 뒀다. 뒤에 또 나오겠지만 입이 닳도록 칭찬한 청라동, 운서동에서 본 것과 비슷하다. 이런 도로 구획이 마을 전체에 걸쳐 있다니, 호감 가는 첫인상이다. 그런데 저 원형 도로 안에 차량은 몇 대나 들어갈까? 직접 세어보니 열 대. 주변 집들 역시 열 채. 집마다 있는 개별 주차장을 포함하면 세대별로 총 두 대를 넉넉하게 주차할 수 있다는 뜻이다. 다른 곳에서는 쉽게 볼 수 없는 광경이다. 빈 땅만 보이면 다닥다닥 집 올리기 바쁘지.

그렇다고 이 구획이 완벽한가? 그건 또 아니다. 원형 주차장 입구 쪽에는 유독 주차 금지 팻말들이 많이 보인다. 왜? 모든 차가 정확히 제자리에 '칼주차'를 유지해야 작동되는 시스템이기 때문. 만일 한 대라도 어설프게 대서 입구 쪽을 막는다면? 안쪽에 있던 차량들이 모두 빠져나가지 못해 출퇴근 대참사가 벌어질 수도 있다. 그런데 팻말 몇 개 세운다고 이런 문제가 다 해결될까? 답사 중에도 입구 쪽에 애매하게 주차된 차들 때문에 진출입이 어려운 경우가 더러 있었다. 잘 만든 도로에 비해 이용자 인식은 아직 높지 않은 듯. 제대로 정착되려면 시간이 더 필요해 보인다.

독특한 점은 또 있다. 마을 중앙도로에서 상현1동 방면으로 올라가면 중간에 작은 녹지가 보인다. 바로 여기서부터 두 번째 블록 시작. 들어가면 단독들이 기다랗게 일렬로 늘어서 있는데 오른쪽의 널찍한 공지가 눈에 확 띈다. '상수도 시설 용지', 즉 국가에서 조성한 땅이라는 공지다. 덕분에 나라마을 특유의 복잡함이 전혀 느껴지지 않는다. 마을 앞에 공용 운동장이 하나 들어와 있는 기분이랄까, 시원한 개방감이 일품이다. 판교동도 고속도로 완충녹지를 이렇게 꾸몄지만 아쉽게도 마을 한쪽 라인만 수혜를 입었다. 하지만 이곳 상현동에서는 마을 중앙을 시원하게 차지하고 있다. 잘만 활용하면 상당히 쓰임새가 많을 듯. 굿 아이디어!

마을 끝에는 큰 성당이 있고 그 옆에 부속 주차장이 있다. 주말마다 혼잡 예상이다. 대신 평일에는 개방해 마을과 공생하는 것으로 보인다. 단독마을의 영원한 숙제인 주차, 이렇게 여러 해결책을 제시하고 실천하는 모습에 박수를 보낸다.

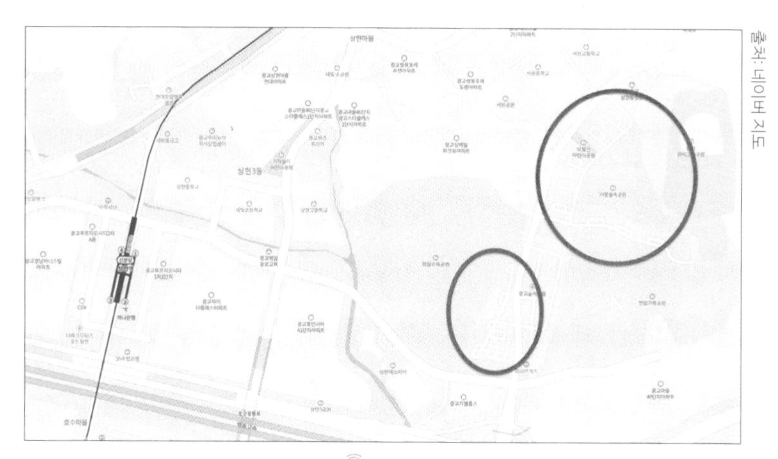

출처: 네이버 지도

내비게이션 검색어: 상현2동작은도서관

입지 분석 상현동의 입지는?

• **교통:** 훌륭하다. 영동고속도로, 용인서울고속도로, 광주행 포은대로, 셋 사이에 상현역이 있고 그 뒤가 바로 마을이다. 거기에 양쪽 블록 사이 널찍한 중앙도로까지, 도로교통은 나무랄 데가 없다.

다만 대중교통이 살짝 아쉬운데, 마을버스가 그 넓은 도로에 딱 한 대 들어온다. 배차 간격 40분. 다른 버스를 타려면 아래 광교마을 40단지까지 조금 걸어서 내려와야 한다. 일단 오기만 하면 강남행, 잠실행 등 20여 대 버스가 줄지어 들어오니 그건 그것대로 안심이다.

• **교육:** 학교는 마을 위쪽으로 서원초등학교, 서원중학교, 서원고등학교가 붙어 있다. 모두 1km 안쪽. 초등 고학년 이상은 도보로

도 충분히 통학 가능하니, 이 마을에서는 교육 걱정 제로다.

• **의료, 문화:** 생활 인프라는 마을 가운데 상권에서 웬만한 것은 모두 해결할 수 있다. 놀라운 점은 이 상업지구 가운데 큰 교회 앞에도 넓은 주차장이 있고, 그 옆 서봉숲속공원 방면으로도 길게 주차장이 있다는 것. 아니, 이렇게까지 주차 문제에 신경을 썼다니. 이 정도면 거의 주차 특화 마을이다!

참, 대형 인프라는 살짝 떨어져 있다. 롯데마트 광교점 2km, 이마트 흥덕점 3.8km, 아주대학교병원 6km. 먼 듯 안 먼 듯 딱 적당하다.

가볼 만한 곳으로는 뒷산, 옆 산 등 그냥 동네 산. 농담이 아니라 실제 가보면 조경 시설이 수목원처럼 자연스러워 깜짝 놀란다. 서두에 '광교는 숲이다'라는 말을 괜히 던진 게 아니다. 이것이 좀 아쉬우면 광교호수공원이 있다. 초입까지 약 1km.

상현동의 장단점

장점: 넘사벽 녹지, 공원, 주차 공간

단점: 종교 시설, 상업 시설, 공원의 소음, 주차 문제

경기도 용인시 기흥구 중동: 만족도 최고일까?

위치: 경기도 용인시 기흥구 중동

대지 추정가: 400만~480만 원(평당, 2023년 기준)

입지 패턴: 나라마을

기반 시설: 도시가스 ○, 전기지중화 ○

도로교통: ★★★★☆

대중교통: ★★★☆☆

교육: ★★★☆☆

생활 인프라: ★★★☆☆

대형 인프라: ★★★★☆

추천: 한번 들어가서 노후까지 쭉 살고 싶은 사람

2006년 LH가 조성한 동백지구. 2017년에는 인구 8만 명을 돌파해 전국 행정동 중 최다 인구를 기록했다. 그렇게 용인시가 특례시가 되는 데 크게 일조했고, 최근 동백 1, 2, 3동으로 분동됐다.

처음 계획할 때부터 단독·전원마을을 표방해서인지 교통 편의성에 그다지 무게를 두지는 않았다. 그래서일까, 아직도 도로나 대중교통 사정이 인구 대비 썩 좋은 편은 아니니다.

하지만 이 동네 주민들, 애향심이 보통이 아니다. 유튜브 영상 댓글만 봐도 알 수 있다. 보통은 부정 반, 긍정 반인데, 이곳은 다 긍정 일색. 특히 '깨끗한 공기'와 '다양한 인프라'를 장점으로 많이 꼽는다. 그만큼 주거 만족도가 무척 높은 편.

대체 무엇이 그들을 홀딱 반하게 만들었을까? 확인해보자. 참고로 지역이 워낙 넓어서 답사는 초당초등학교 근처 일부로 한정했다. 이후 추가 보완한 지역은 유튜브 〈찍사홍〉 채널에서 확인하기를 바란다.

이 마을은 용인 경전철 에버라인 초당역 두 블록 안쪽에 있다. 초입의 커다란 도로 양쪽으로 아파트 단지가 늘어서 있고, 그대로 계속 들어가면 다시 큰길, 그 너머에 비로소 마을이 보인다. 처음 눈에 띄는 것은 중앙의 작은 상가 건물들. 생활 인프라를 아예 단지 안으로, 그것도 입구 쪽에 배치해 아파트 단지에 온 듯한 착각을 불러일으킨다. 가게들도 필요한 것만 딱딱 있어 단순하니 좋고.

여기서 그대로 길 따라 직진하면 해발 471m의 석성산. 지도상 이 일대 오른쪽을 커다랗게 차지하는데, 반대쪽 멱조산과 함께 '동백지구의 허파'라고 불린다. 여기는 일단 향이 좋다. 남동 남서향. 위아래, 두 개의 산이 산소 탱크가 돼 공기 정화는 물론, 아늑함까지 책임진다(모양도 사람 허파를 닮았다!). 그중 마을 뒤편의 석성산은 당연히 이 동네는 물론 근처 아파트 주민들에게도 인기 만점. 마을에서 수시로 보이는 등산객 행렬도 이 때문이다. 석성산 아래 줄기는 대개 단독주택과 타운하우스 차지라, 산에 오르려면 이런 단독마을들을 통과해야 하는 경우가 많다.

답사 시점이 주말 오후여서 그랬는지, 길 양쪽은 주차된 차량으로 가득했다. 하지만 주변에 다가구, 다세대 비중을 감안할 때 이 정도면 양호한 듯. 택지지구 인구에 비해 대중교통이 부족해 자차 비율이 높은 동네라니 선뜻 이해도 된다.

마을 안에는 대단지 고급 타운하우스가 들어와 있다. 진입로 조경이 무척 훌륭해 '마을 속 마을'로 들어가는 듯하다.

더불어 인라인스케이트장을 갖춘 넓은 공원과 대형 유치원, 어학원, 사설 어린이집, 입구 쪽 초당초, 초당중학교까지 더해져 교육 환경은 매우 촘촘한 인상. 다만 크지 않은 마을에 이것들이 너무 빼곡히 있는 게 좀 불안하다. 이대로라면 평일 등하교 시간 내외부 도로 혼잡은 따놓은 당상이다.

또 하나 아쉬운 점, 바로 시설물 노후다. 비슷한 시기에 조성된 판교동, 운중동과 비교해 깨진 도로나 벗겨진 페인트, 낡은 주차시설물 등이 계속 눈에 밟힌다. 하지만 너무 걱정할 일은 아니다. 이 지역은 관리 주체가 LH인 나라마을. 단지 내 커뮤니티만 잘 형성돼 있다면 시청 민원으로도 충분히 해결할 수 있으니까. 조만간 깔끔하게 단장하길 기대한다.

입지 분석 중동의 입지는?

• **교통:** 앞서 교통에 문제가 있다고는 했지만, 도로 설계만큼은 나무랄 데 없다. 여기저기 금방금방 빠질 수 있게 기본 도로 수가 많고 형태도 위아래로 입체적이다.

하지만 아쉽게도 대부분 편도 이차로. 또 빠지는 만큼 합류도 많다. 게다가 주변에 학교가 빼곡해 평균 시속 30~50km 거북이걸음

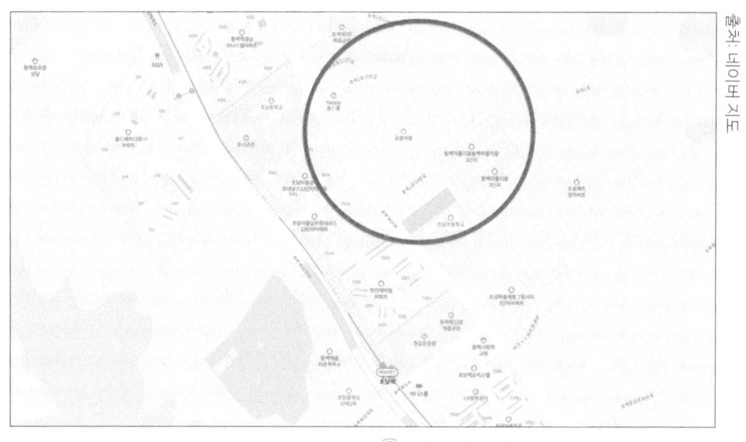

출처: 네이버 지도

내비게이션 검색어: 초당초등학교

이 기본. 당연히 출퇴근길이 혼잡하지 않을 리 없다. 다행히 최근 마성IC 진출입로와 수도권제2순환고속도로 서용인IC의 등장으로 상황은 점점 나아지고 있다고 하니 희망을 걸어본다.

대중교통 역시 답답하다. 철도? 차라리 김포 골드라인이 낫다. 이 동네 에버라인은 작달막한 1량에 그나마 남쪽 동네만 지나가 지역민 원성이 자자하다. 더구나 개선의 노력조차 없어 개통부터 지금까지 미운털 제대로 박혔다. 마침 마을 앞까지 광역 버스 포함 총 아홉 대 버스가 진입하니 그나마 숨통은 조금 트인 상황.

• **의료, 문화:** 대형 인프라는 모두 지구 중심인 동백호수공원 쪽에 집중돼 있다. 부대시설인 야외무대나 쥬네브스타월드 등 상업시설이 워낙 잘돼 있어 인프라 걱정은 제로. 답사한 초당초 인근에서 거리를 재면 이마트 동백점 2.3km. 용인세브란스병원은 그 바로 아래 붙어 있다.

가볼 만한 곳으로는 동백지구 중심의 호수공원과 한숲공원(각각 1.5km), 한국민속촌(8km), 에버랜드(12.8km) 등이 있다.

중동의 장단점

장점: 인프라와 녹지의 적절한 조화

단점: 복잡한 도로, 단독마을만의 한적함이 없음

경기도 용인시 수지구 고기동: 아니, 이렇게 가파른 곳에?

위치: 경기도 용인시 수지구 고기동

대지 추정가: 720만~930만 원(평당, 2023년 기준)

입지 패턴: 민간마을

기반 시설: 도시가스 ×, 전기지중화 ×

도로교통: ★★☆☆☆

대중교통: ★☆☆☆☆

교육: ★☆☆☆☆

생활 인프라: ★☆☆☆☆

대형 인프라: ★★★☆☆

추천: '높아도 좋다, 인프라와 전경만 좋다면!'이라고 생각하는 사람

분당지구-낙생지구-대장지구 사이에 위치한 고기동. 지가가 비싼 이유? 주변에 곧 들어설 신도시 호재들이 선반영됐기 때문이다. 심지어 가장 꼭대기 땅도 주변 아파트값과 견줄 만하다. '단독주택도 투자 상품이 될 수 있다'라는 착각은 바로 이런 곳에서 시작된다는 것을 기억하자.

이 마을, 크기가 상당하다. 이번에는 그 유명한 고기동 유원지 인근이 아닌 반대쪽, 빼어난 경관을 자랑해 인기가 높은 낙생저수지 근처를 답사했다. 이렇게 넓은 곳은 한쪽만 보기도 벅차다. 기억해뒀다가 나중에 추가 답사를 권한다. 처음 올 때보다 두 번째, 세 번째에는 정보에 그만큼 밀도가 더해져 보는 눈도 확실히 업그레이드될 것이다.

먼저 도로 이야기를 하지 않을 수 없다. 한마디로 '이게 도로냐?'다. 깎아지른 비탈, 손 한 번 가지 않은 길 주변… 그야말로 거의 방치 상태다. 구덩이처럼 움푹움푹 파인 곳은 물론 겨울철 제설제를 얼마나 뿌려댔는지 아스팔트가 삭아 가루가 된 곳도 무척 많다. 게다가 양쪽에서 차 두 대가 엉키면 빠져나오기 힘들 정도로 좁은 도로 폭에 심지어 꼭대기 쪽 일부는 낙석이나 토사물로 붕괴 우려까지(공사가 중단된 현장이 많다).

이게 다 제대로 된 계획 없이 난개발로 집들이 들어섰기 때문이다. 백번 양보해서 여기만 그런 것도 아니니, 뭐 그럴 수 있다 치자.

그래도 저 가파른 경사면 위에 집들을 세운 것은 너무하지 않은가? 꼭대기까지 걸어가기는 엄두도 나지 않아 무조건 차로 가야 하는데, 이게 또 일반 차량으론 버겁다. 눈비까지 감안해 최소 4륜 SUV는 돼야 한다. 마침 답사하다 한 아이가 가방을 메고 저 위에서 걸어 내려오는 모습을 봤는데, 차를 세우고 "너, 괜찮겠니?"라고 물어보고 싶을 정도였다. 단언컨대 이 마을, 이 책에 나온 마을 중 급경사로는 무조건 3위 안에 포함된다. 심장 약한 사람은 조심!

그런데도 여기를 선택하는 이유는? 일단 높은 곳에서 보는 전경이 예술이다. 파노라마처럼 120도 이상의 넓은 시야각 한가운데, 아무렇지도 않은 듯 다소곳하게 들어앉은 호수라니! 이건 산꼭대기 아니면 결코 만날 수 없는 장관이다.

게다가 여름철엔 무더위를 날릴 시원한 산바람도 한몫한다. 아래쪽과 거의 2~3도 차이가 날 정도로 서늘한 곳도 많으니까. 또 저지대에 비해 상대적으로 저렴한 땅값도 빼놓을 수 없는 장점.

다만 낙생저수지 인근에 한정해 마을이 모두 북향이다. 깔고 앉은 자리가 광교산 줄기인데, 멋진 호수 풍경을 누리려면 거실을 북쪽으로 빼야 한다.

입지 분석 **고기동의 입지는?**

- **교통:** 도로교통, 베리 굿이다. 용인서울고속도로 서분당IC까지

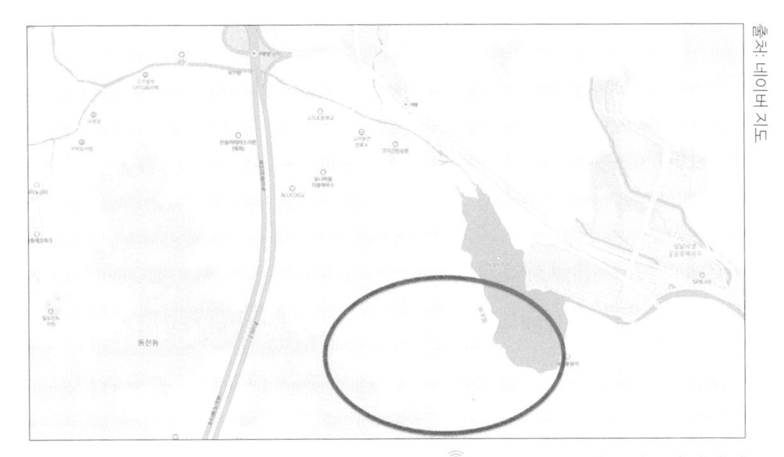

출처: 네이버 지도

내비게이션 검색어: 갤러리위

3km. 마을만 빠져나오면 입구에 고속도로가 항시 대기하고 있다. 거기다 전면 동막로를 타고 금곡IC를 거쳐 분당과 판교까지 한 번에. 이 부근에서 이렇게 교통 좋은 전원마을은 딱 이곳뿐이다.

하지만 주말 고기리계곡 근처의 행락객으로 마을 입구가 주차장이 돼버리는 것은 '안 비밀'. 또 고속도로에 들어가려면 마을 끄트머리쯤 나오는 다리를 무조건 건너가야 하는데 아뿔싸, 이게 고작 외길이라니!

대중교통? "누가 이런 데 살면서 버스를 타?"라고 묻지는 말자. 버젓이 운행 중인 버스에 실례다. 언덕 아래 낮은 곳에만 조심스레 놓인 버스 정류장까지 마을버스가 한 대 들어온다. 하지만 미금역 시내가 아니라 반대 방향인 유원지 쪽으로만 가고, 배차 간격마저 1시간. 이러니 "여기서 누가 그걸 타느냐"는 소리가 나올 수밖에.

아, 강남 가는 광역 버스가 있긴 있다. 타려면 아래 대장지구까지 한참을 내려와야 한다는 점이 함정이지만. 추후 인근 신도시들이 완성되면 3호선이 연장돼 근처까지 들어온다는 지라시가 있으니 지켜볼 대목이다.

• **교육:** 학교는 근처에 딱 하나, 고기초등학교(2km). 중학교, 고등학교는 모두 산 아래 동천, 미금 쪽에 있다. 따라서 아이가 있다면 이 근처까지 자동차 픽업은 필수다. 이것도 나중에 신도시가 정리되면 좀 나아질까? 지역 맘 카페 움직임이 꽤 활발하니 희망 회로는 여전히 작동 중이다.

• **의료, 문화:** 대형 인프라는 말할 것도 없다. 분당과 판교 시내가 코앞이다. 확실히 이웃 하나는 잘 뒀다. 분당서울대학교병원(8km), 2001아웃렛 분당점(6km), 현대백화점 판교점(10km).

고기동의 장단점

장점: 빼어난 경관, 겹겹이 호재로 가치 상승

단점: 급한 경사면, 정비 안 된 도로

경기도 의왕시 오전동: 서울 아래 깡촌 발견

위치: 경기도 의왕시 오전동

대지 추정가: 800만~1,010만 원(평당, 2023년 기준)

입지 패턴: 민간마을

기반 시설: 도시가스 ×, 전기지중화 ×

도로교통: ★★☆☆☆

대중교통: ★☆☆☆☆

교육: ★☆☆☆☆

생활 인프라: ★☆☆☆☆

대형 인프라: ★★☆☆☆

추천: 추후 개발 호재로 이익을 우선시하는 사람

개발은 아직, 입지는 굿

오전동 모락산 아래에는 디귿자 형태로 남쪽 실개천(오전천)을 향해 오목하게 생긴 전형적인 시골 마을이 하나 있다. 사람들은 '오매기 마을'이라 부른다. 크게 보면 모락산 둘레길 초입이다.

내부 도로는 확실히 시골길이라 갈수록 폭이 점점 좁아진다. 깊숙한 곳은 정비가 안 돼 위험한 곳도 꽤 있다. 하지만 불쑥불쑥 나오는 90도 코너보다 포장되지 않은 울퉁불퉁 도로가 더 문제다. 게다가 길이 수시로 뚝뚝 끊겨 있기까지. 빤히 저쪽에 차가 다니는 게 보이는데 작은 도랑 하나 넘은 여기서는 갈 수가 없다. 휴전선도 아니고 할 말이 없다. 처음 답사를 가면 차라리 한쪽에 차를 대고 그냥 걸어 다니는 편이 더 낫지 않을까 싶기도 하다.

단독주택 세대수는 상당히 적다. 오히려 곳곳에 밀집된 다가구 수가 더 많다. 하지만 가끔 세련된 외관의 단독주택도 없는 것은 아니다. 빠지면 섭섭한 타운하우스도 저 깊은 사찰 아래쪽에 열심히 공사 중이고. 큰 도로 쪽 둘레길 입구엔 다양한 맛집까지. 이렇게 다채로운 용도의 건물로 뒤섞인 곳이 바로 이곳, 오매기 마을이다. 그나마 다행은 공장, 창고는 눈에 띄지 않는다는 점일까. 그런데 왜 마을 앞 오전천에는 구정물이 흐르고 악취가 올라오는지는 미스터리다.

이런 동네가 개발이 된단다. 이름하여 '오매기 지구.' 사실 처음은 아니다. 이미 2012년에 한번 시도했다 불발된 전력이 있다. 현재 토지거래허가구역으로 묶어두고 밑 작업을 진행 중(2024년까지). 이번에는 성공할까? 어쨌거나 이렇게 업자들이 계속 문을 두드린다는 것은 그냥 두기엔 너무나도 아까운 입지라는 방증이다.

입지 분석 오전동의 입지는?

• **교통:** 도로교통은 엄지 척. 마을 앞 과천봉담고속도로에서 청계 IC, 의왕IC 양쪽으로 진입 가능하다. 청계IC는 15분 거리(6.5km), 의왕IC는 8분 거리(3km). 너무 멀지도 가깝지도 않은 황금 위치다. 게다가 금천구청-수원시청 양쪽을 오가는 경수대로에, 위로는 수도권제1순환고속도로까지 보인다. 이러니 개발업자들이 군침을 흘릴 수밖에.

하지만 당장은? 마을 앞 둘레길 옆 왕복 이차로가 전부다. 오가는

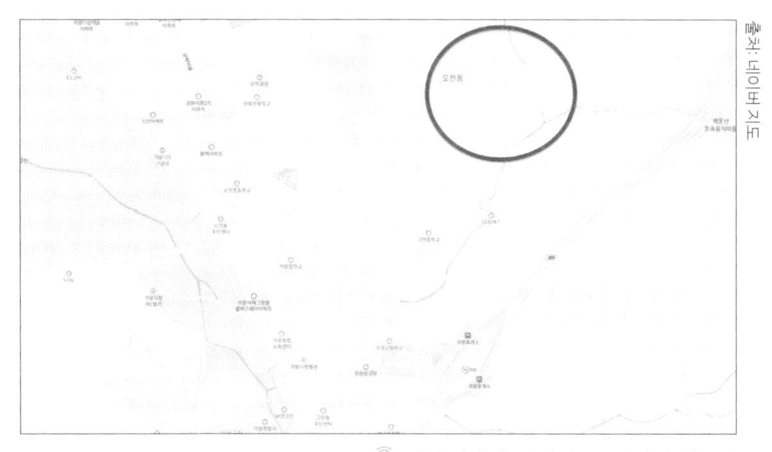

출처: 네이버 지도

내비게이션 검색어: 모락산산림욕장

버스는 딱 두 대. 가까운 1호선 당정역까지는 버스를 1회 환승해 약 30분 정도 걸린다. 얼핏 서울 바로 아래임에도 버스 타고 돌고 돌아 겨우 지하철역에 닿는 게 광명시 밤일마을과 비슷하다.

• **교육:** 차로 10분만 나가면 학교가 있다는 점은 반갑다. 가장 가까운 학교는 걸어서 15분 거리 고천중학교(1km). 하지만 초등학교는 없다. 자녀가 중학생 이상인 가정만 고려하자.

• **의료, 문화:** 생활 인프라는 전멸이다. 유명 둘레길이라 평일에도 많은 사람이 오가지만 눈에 띄는 편의점 하나 없다. 오래된 상회 비슷한 게 있는데, 뭔 대단한 걸 감추고 있나 문 앞에 큰 개가 왕왕! 큰 길가에는 온통 등산객용 음식점, 카페들만 수북하다.

대신 대형 인프라가 가깝다. 모두 군포 쪽 시내에 몰려 있는데, 종합병원인 G샘병원(5km), 평촌 쪽으로 가면 한림대학교성심병원(10km). 대형 마트는 이마트 의왕점(2km).

오전동의 장단점

장점: 뛰어난 도로 접근성, 목가적 환경

단점: 척박한 기반 시설, 높은 가격

경기도 수원시 권선구 금곡동: 하, 다 좋은데!

위치: 경기도 수원시 권선구 금곡동(호매실지구)

대지 추정가: 590만~630만 원(평당, 2023년 기준)

입지 패턴: 나라마을

기반 시설: 도시가스 ○, 전기지중화 ○

도로교통: ★★★☆☆

대중교통: ★★☆☆☆

교육: ★★★☆☆

생활 인프라: ★★★☆☆

대형 인프라: ★★★☆☆

추천: 소음에 둔감하다면 누구에게나 무조건!

대명제: 호매실=공원. 지도만 봐도 동네 전체가 다 녹색, 그 안에 점점이 집들이 들어가 있다. LH에서 분양한 단독 필지 중 이렇게 공원과 녹지가 풍부한 곳이 또 있을까. 대체 뭘 믿고 이렇게 보기 좋을까? 어디 켕기는 구석이라도 있나? 한번 자세히 들여다보자.

금곡동 상업지구에서 호매실지구 아파트 쪽으로 향하는 길은 룰루랄라 정겨운 시골길. 그러다 느닷없이 큼직한 고속도로가 일자로 거침없이 풍경을 가르는데, 봉담과천로, 평택파주고속도로다.

에구, 위세에 눌려 아래 작은 굴다리로 빠져나가니, 이번엔 우주선 모양의 커다랗고 신비한 건물 등장! 바로 수원 KT 농구장. 여길 지나고 나서야 비로소 익숙한 신도시 마을이 눈앞에 훤히 펼쳐진다.

그 길 따라 조금 올라가다 보면 세련된 유치원 건물이 나타나고 거기서 오른쪽으로 돌면 바로 단독마을 시작. 일단 이 동네, 내부 도로가 거의 활주로다. 양방향 합쳐 7m 이상이다. 게다가 길 양쪽에 잘 정비된 인도까지 있어 안전에도 신경을 많이 썼다.

이미 집들은 빼곡히 들어찬 상태. 더 이상 뭘 할 게 없다. 이런 곳을 왜 답사할까? 이유는 크게 두 가지다. 건축비가 껑충 뛴 요즘, 구옥 매물도 충분히 고려할 만하다는 게 첫 번째, 이 주변에 다른 택지가 생길 경우에 대비해 미리 살펴봐두자는 게 두 번째다.

실제로 마을 바로 옆에 한창 신도시가 조성 중이다. 커다란 펜스가 그 경계인데, 거기서부터 3기 신도시 수원 당수지구. 2023년 4월부터 입주 중이고, 그 옆 땅도 연달아 개발 예정이다(당수2지구).

여기서 주목! 이 동네는 왜 이렇게 신도시 개발이 계속 이어질까? 답은 선정의 주체, LH에 있다. 국가 기관인 LH는 향후 인구 정책과 교통, 가격 등 모든 요소를 고려해 최적의 자리를 신도시로 결정한다. 그래야 대한민국 국토와 교통 전반의 발전을 지속할 수 있기 때문. 다시 돌아와, 여기 대단지가 연속으로 개발이 계획됐다는 것은? 좋은 입지임을 국가에서 대놓고 증명한 셈이다. 당연히 단독 필지도 함께 계획될 테니, 이 지역에 관심 있다면 향후 LH 분양 공고를 꼼꼼히 살펴보는 편이 좋겠다.

이 마을의 가장 큰 장점이라면 역시 공원과 녹지다. 집에서 문만 열고 나가면 바로 자연, 힐링이다. 특히 물새공원과 두레뜰공원이라는 호매실지구 최대 수변공원이 남쪽으로 한없이 펼쳐진 게 인상적이다. 시작부터 끝까지 무려 800m가 넘는다. 모양도 경복궁 근정전 비슷한 게 이 마을만의 정원같이 느껴진다.

하지만 전혀 생각지도 못한 허물이 있었으니, 바로 수시로 날아와 고막을 때리고 사라지는 맹렬한 전투기 소리. 아뿔싸, 수원 공군기지가 코 앞이다. 흥미롭게도 이 굉음에 관한 주민 의견은 정확히 둘로 나뉜다. 어떤 사람은 괜찮다며 별로 대수롭지 않게 여기고, 어떤 사람은 보청기를 끼고 살아야 할 정도라며 치를 떤다. 전국 비행장 주변이 다 이와 비슷하다. 똑같이 비행기 실물과 소음을 눈과 귀로 체감하는데도, 받아들이는 강도는 전혀 다르다. 왜일까? 역시 임대냐 자가냐의 차이 말고는 설명하기 어렵다.

그나마 다행은 그 자체를 쉬쉬하진 않는다는 것이다(어떤 지역은 그런 사실 자체가 없다고 이야기한다!). 이곳 주민들은 비행장 이전을 적극적으로 요구하고 있다. 20년이 넘도록 진척이 없다는 게 함정이지만.

입지 분석 금곡동의 입지는?

• **교통:** 바로 옆에 평택파주고속도로와 봉담과천로가 붙어 있다. 마을로 들어올 때 보인 커다란 고속도로다. 위로 금곡IC(4km), 아래로 호매실IC(4.3km) 둘 다 편하게 이용할 수 있다. 또 좀 더 위로 수인로까지 붙어 있으니 수도권 서남부 출퇴근 환경은 매우 양호.

또 신분당선 호매실역이 2028년 완공 예정이다. 마을 대형 상권인 홈플러스 서수원점 앞이다(1.2km). 약간 멀어도 단독 필지에서 이 정

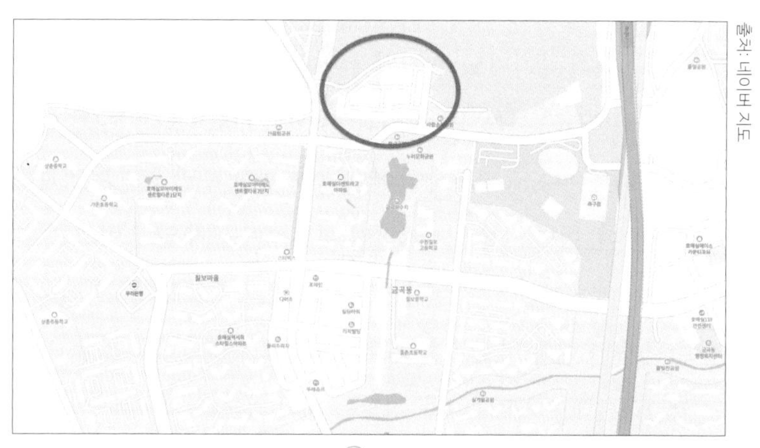

출처: 네이버 지도

내비게이션 검색어: 시립금호어린이집

도면 꿀이다. 자고로 지하철역은 너무 가까워도 멀어도 안 좋으니까. 또 조금 기다리면 유입될 당수지구 인구가 약 1만 3,000세대라 보완책도 따라올 테니 걱정할 필요 없다.

• **교육:** 교육은 수변공원에서 다 해결된다. 칠보중학교와 칠보고등학교(각각 400m), 그 너머 수원중촌초등학교(500m). 집 문 열고 뛰어가도 10분, 여기서 지각은 남의 동네 이야기다. 예쁜 공원 앞 뛰어난 교육 환경, 이런데도 성적이 안 나오면? 빠져나갈 구멍이 없다!

• **의료, 문화:** 마을 앞에는 생활 인프라가 적다. 큰 도로 쪽 서희스타힐스 건너편 호매실 상업지구로 나가야 한다. 차로 가면 3분 거리(1km). 그마저도 아쉽다면 더 큰 금곡 상업지구, 반대편 홈플러스 쪽을 이용하면 된다. 거리는 5분 이내로 아까와 비슷한데 병원, 극장 등 없는 게 없다. 이렇게 양쪽 중대형 인프라를 손만 뻗으면 이용할 수 있다는 것도 이 마을의 또 다른 장점이다.

가볼 만한 곳으로는 공원 끄트머리에 붙은 호매실 카페 거리(1.3km), 조금 더 내려가면 화성의 명산 칠보산(3km) 등이 있다.

금곡동의 장단점

장점: 멋진 수변공원, 넉넉한 인프라

단점: 비행기 소음

경기도 화성시 반송동: 이래서 동탄!

위치: 경기도 화성시 반송동

대지 추정가: 700만~800만 원(평당, 2023년 기준)

입지 패턴: 나라마을

기반 시설: 도시가스 ○, 전기지중화 ○

도로교통: ★★★☆☆

대중교통: ★★☆☆☆

교육: ★★★★☆

생활 인프라: ★★☆☆☆

대형 인프라: ★★★☆☆

추천: 우수 학군, 면학 분위기 좋은 단독마을을 찾는 사람

삼성전자 기흥캠퍼스가 점 하나를 깊게 찍었다. 그 주변으로 굵직한 일자리가 가득 모인 화성시, 가운데에 동탄이 있다. 직장이 근처라면 이렇게 훌륭한 단독·전원마을도 없다. 하지만 직장과 거리가 좀 있다면? 일단 마을을 한 바퀴 둘러보며 차근차근 설명하겠다.

3분의 2가 타운하우스, 나머지는 개성 있는 단독주택이다. 똑같은 모양의 타운하우스가 한자리에 모여 있는 마을은 여기가 원조다. 비슷한 동네로 고양시 삼송지구가 있는데, 그곳은 집들이 길 따라 단순하게 늘어서 있어 살짝 밋밋한 감이 없지 않다. 반면 반송동은 형태마다 세분화해 묶어놔 좀 더 보는 맛이 있다. 아무리 그래도 라커룸 같은 효율성 극한의 건축 양식이 전혀 없다는 뜻은 아니다.

이곳은 도시 계획이 예술이다. 깔끔하게 쭉쭉 뻗은 도로, 거의 없다시피 한 경사, 구석구석 이국적인 골목길 등 유럽 관광지에 온 듯하다. 답사 도중 저 멀리서 아이들이 버스에 타고 내리며 노는 모습을 봤는데, 마치 이와이 슌지 감독의 영화 속 한 장면을 보는 것처럼 어찌나 눈부시고 평화롭던지. 잘 정돈된 마을에서만 느낄 수 있는 특유의 안정감이랄까. 만일 타운하우스에 대한 편견과 로망이 둘 다 있다면, 그래서 좀 헷갈린다면 무조건 이 동네에 와보자. 그리고 이곳 특유의 공기를 꼭 한번 맡아보자. 금방 선택지가 한쪽으로 기울어지게 될 것이라 장담한다.

이곳은 위에서 보면 모양이 참 특이하다. 동탄1신도시 끄트머리에 툭 튀어나와 있는 단독마을. 딱 반송동까지가 신도시 경계다. 다만 아쉽게도 향은 북향이다. 아래에 필봉산이 붙어 있기 때문. 하지만 산이 원체 낮고(144m), 단지 안까지는 거리가 있어 남향 거실도 충분히 가능하다. 그러나 집 위치가 산 바로 아래인데 타운하우스처럼 여러 집이 다닥다닥 붙어 있다면 이야기가 좀 달라진다. 그럴 때는 도보 답사로 동네에 이끼가 끼거나 습한 곳이 있는지 직접 눈으로 확인해봐야 한다.

입지 분석 반송동의 입지는?

• **교통:** 마을 바로 아래가 수도권제2순환고속도로다. 북오산IC까지 고작 2.5km. 여기서 바로 서울 가는 경부고속도로에 올라탈 수

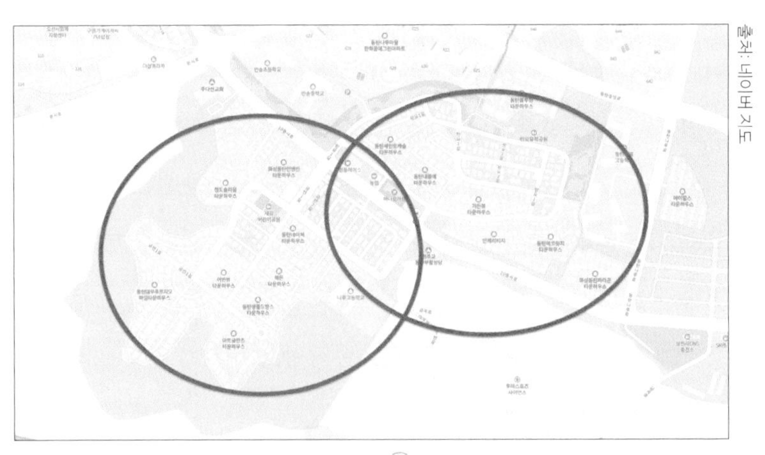

출처: 네이버 지도

내비게이션 검색어: 나루고등학교

있어 편하다. 하지만 오산, 기흥, 동탄 어느 IC 할 것 없이 극심한 정체가 문제다. 이는 최근 경부고속도로 지하화 공사가 지연되면서 더욱 심해졌다.

그럼 대중교통은 좀 낫나? 마찬가지다. 직장이 강남권이라고 가정해보자. 일단 시작은 무조건 버스다. 1호선 세마역에서 수원역으로 올라가 분당선을 갈아탈까, 수인분당선 망포역으로 바로 갈까. 둘 다 한참 돌아가는 것은 똑같다.

불행 중 다행인지, 주변에 강남 가는 버스가 많은 점은 좋다. 종점이라 운 좋으면 앉아서 편하게 갈 수도 있고. 하지만 막상 서울행 경부고속도로에 진입하면? 차에 날개가 달리지 않은 이상 평일, 주말 가릴 것 없이 정체를 피하기 힘들다.

해결 방안? 1호선 서동탄역-동탄역 구간 연장 또는 인덕원 동탄선 조기 개통이 주로 거론된다. 또 트램 건설 논의 역시 꾸준하다. "밤 깊은 마포 종점, 갈 곳 없는 밤 전차" 할 때 바로 그 노면 전차다. 버스처럼 도로 위 궤도를 따라 동탄1, 2신도시는 물론 분당선, 1호선까지 야무지게 훑는다. 하지만 진행이 더뎌 개통까지 최소 6년이 걸린다고 한다. 또 생김새 자체가 도로 위 차선을 뺏어가는 형태라, 오히려 도로가 더 혼잡해질 수 있다는 우려 역시 만만치 않다.

결국 서두에 말한 대로 직장이 근처라면 일상이 파라다이스, 서울 강남권이라면 매일 헬게이트다. 그래서 이곳을 두고 "동네가 섬처럼 떠 있다"라는 말이 들려오곤 하는데, 주민들조차도 고개를 끄덕일 수밖에 없단다.

• **교육:** 아이 키우기는 딱 좋다. 마을 주변 여러 초·중·고, 사이사이 예쁜 유치원까지. 게다가 그 유명한 동탄국제고등학교를 가운데 품었다. 슬쩍 봤는데 대학 캠퍼스 같았다. 교정이 넓고 근처에 시끄러운 상권도 전혀 없어 면학 분위기는 굿.

• **의료, 문화:** 생활 인프라들이 떨어져 있는 것은 아쉽다. 좀 불편할 수도 있지만 마을 전체 분위기를 해치지 않아 오히려 좋은 듯. 그렇다고 해도 너무 걱정은 말자. 최강 인프라로 유명한 그 동탄이니까. 홈플러스 화성동탄점 2.2km, 삼성본병원 1.8km, 한림대학교 동탄성심병원 4.2km.

반송동의 장단점

장점: 잘 정돈된 인프라, 준수한 교육 환경

단점: 괴로운 서울 출퇴근

경기도 화성시 새솔동: 요즘 핫한 곳

위치: 경기도 화성시 새솔동

대지 추정가: 400만~450만 원(평당, 2023년 기준)

입지 패턴: 나라마을

기반 시설: 도시가스 ○, 전기지중화 ○

도로교통: ★★☆☆☆

대중교통: ★☆☆☆☆

교육: ★★☆☆☆

생활 인프라: ★★☆☆☆

대형 인프라: ★★☆☆☆

추천: 현재보다 미래에 더 비중을 두는 사람

원대한 야망이 넘실거리는 송산그린시티(2030년 완공 예정). '대한민국에서 가장 혁신적인 전원마을'이라고 해도 손색이 없다. 화성시, 안산시, 시흥시의 지역 간 대통합 프로젝트인데, 크기만 놓고 볼 때 부천시, 광명시보다 큰 규모다. 사업 기간도 20년짜리 중장기 계획이다. 국제테마파크, 마린리조트, 자동차 테마파크가 들어오고 4차산업 관련 기업을 대대적으로 유치할 예정이다.

가장 유명한 것은 2023년 착공, 2026년 부분 개장, 2031년 완전 개장을 목표로 공사 중인 신세계 그룹의 국제테마파크. 에버랜드 네 배 크기의 국내 최초 호텔 체류형 놀이공원이다. 이 청사진대로면 주변은 말 그대로 세계인의 놀이터가 될 듯. 하지만 과거 몇 번 사업이 중단됐던 터라, 예정대로 진행될지는 계속 지켜볼 일이다.

새솔동은 이 책에 실린 나라마을 중 가장 규모가 크다. 그래서 총 세 번 답사를 다녀왔고, 책에는 메인인 새솔동행정복지센터 인근만 설명했다. 나머지 마을은 유튜브 〈찍사홍〉 채널에서 확인하길 바란다.

큰길에서 접어드는 마을 입구는 상가주택으로 채워져 있다. 그런데 자세히 보니 익히 알고 있는 지루한 모습이 아니다. 요즘 유행하는 'ㅇ리단길'의 카페들처럼 세련됐다. 길 건너 아파트 쪽에서 넘어오는 다양한 세대를 공략한 듯.

드디어 마을로 입장. 일단 단독주택 공사 현장이 상당히 많다는 점이 놀랍다. 1970~1980년대 강남 개발 붐이 떠오를 정도다. 여기저기 뚝딱뚝딱 장비 소리, 사람 소리… "불경기가 뭐니?" 반문하는 듯했다. 또 곳곳에 우뚝 선 유명 건축 회사 모델하우스들까지. 우리가 잘 아는 '네임드' 회사들이 앞다퉈 이곳에 모여들었다. 대규모 건축박람회에 온 것 같은 착각마저 들 정도다.

하지만 역시 신입은 신입. 드넓은 대로 드문드문 놓인 정류장에는 버스가 대부분 서지 않았고, 입구 쪽 상가주택과 맞은편 대형 상업지구 상층부는 아니나 다를까 '임대 문의'로 도배됐다. 흔하게 널린 빈 땅 곳곳엔 건축자재와 폐기물이 자재상 물류처럼 높이 쌓여 있기도. 요컨대 정돈되려면 좀 멀었다 싶다. 이래서 입주 시기가 중요하다. 먼저 들어오면 이런 부분을 반드시 감내해야만 하니까.

또한 송산그린시티 동측지구 중 단독 필지 한정, 모두 북향이다. 아래로 야트막한 해망산이 붙어 있고 위로 시화호 줄기가 버티고 있기 때문. 반송동처럼 멀리 떨어진 곳은 문제가 없으나, 산 아래쪽은 해가 빨리 떨어지니 세부 입지 선정에 유의하자.

게다가 시화호가 지구 중앙을 크게 가로지르는데, 이게 전부 아파트 차지인 것도 아쉽다. 단독마을에서는 아무리 용을 써도 직접 강을 볼 수가 없다. 강바람 한 번 쐬려면 무조건 걸어서 아파트 사이를 통과해야 한다. 차라리 배치 순서를 바꿔 단독이 먼저, 아파트가 그 뒤였다면 어땠을까. 둘 다 사이좋게 리버 뷰를 나눠가질 수 있지 않았을까. '어차피 시화호는 강은 고사하고 늪에 가깝다. 그냥 철새들 노는 얕은 물가라고 보면 된다. 굳이 그렇게 노력해서 보지 않아도 된다'는 의견도 많으니 직접 가서 확인해보자.

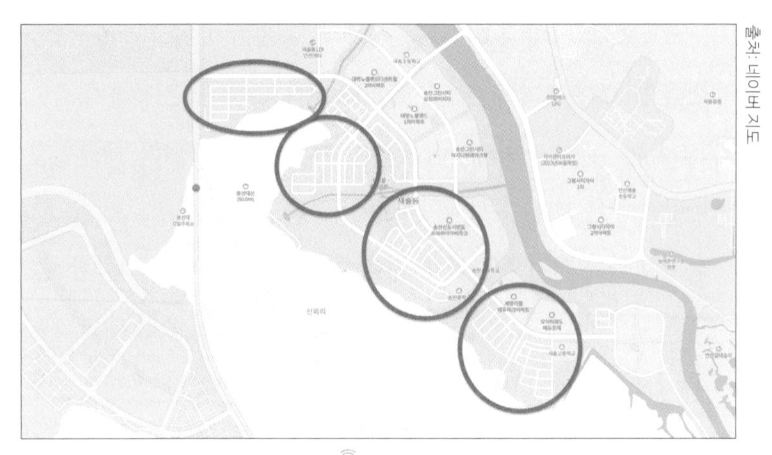

출처: 네이버 지도

내비게이션 검색어: 새솔동행정복지센터

입지 분석 **새솔동의 입지는?**

• **교통:** 행정구역은 화성시이지만, 주 생활권은 안산이다. 따라서 안산 쪽과 연결되는 도로가 중요한데, 가장 큰 도로는 마을 왼쪽 77번 국도다. 아래로 화성시청, 위로 단원구청과 연결돼 있다. 만일 직장이 그쪽이라면 유용하겠다.

또 하나는 마을 사이를 관통하는 수노을교. 이 다리를 통해 고잔역과 중앙역 사이 로데오 상권을 최단 거리로 이용할 수 있다. 하지만 문제는 이것 딱 하나라는 점. 실질적으로 주민들이 가장 자주 이용하는 생활도로의 규모와 개수가 모두 절대 부족하다. 강남행, 안산행 버스들마저 모두 이 다리 하나로 오가니, 한번 막히면 별 뾰족한 수가 없다.

• **교육:** 학교는 괜찮다. 새솔유치원, 송린초등학교, 송린중학교, 새솔고등학교까지 이미 다 자리를 잡았다. 곳곳에 공원과 녹지도 잘 돼 있어 면학 분위기도 훌륭하고. 다만 마을 크기가 원체 커서 도보로 통학하기엔 무리가 좀 있다. 끝에서 끝까지 큰길만 따라가도 약 3km니까.

• **의료, 문화:** 확실히 대형 신도시답게 생활 인프라는 전부 마을 안에 모여 있다. 비록 지구 가운데에만 집중돼 양쪽 끝 마을은 차 타고 안쪽까지 들어와야 하지만.

대형 인프라? 상술했듯 모두 안산시 고잔동에 집중돼 있다. 이마트 안산고잔점(5km). 그 옆에 홈플러스 안산고잔점, 롯데마트 안산점까지. 또 종합병원은 고려대학교 안산병원(8km), 단원병원(5km).

가볼 만한 곳으로는 전곡마리나항(25km), 제부도 캠핑장(29km), 웨이브파크(13km)가 있다. 물론 바로 옆 초대형 생태교육장인 비봉습지공원도 빠트릴 수 없고.

새솔동의 장단점

장점: 완벽 레저형 전원마을, 밝은 미래

단점: 개발계획 차질의 위험, 힘든 서울 출퇴근

경기도 오산시 금암동: 나무랄 데 없다!

위치: 경기도 오산시 금암동

대지 추정가: 510만~570만 원(평당, 2023년 기준)

입지 패턴: 나라마을

기반 시설: 도시가스 ○, 전기지중화 ○

도로교통: ★★★☆☆

대중교통: ★★★☆☆

교육: ★★★★☆

생활 인프라: ★★☆☆☆

대형 인프라: ★★☆☆☆

추천: 자녀 교육과 단독생활 모두를 원하는 사람

오산의 대장 단독마을

"오산은 돈 쓸 데가 없어." 20년 차 주민의 말이다. 실제로 주민 대부분이 쇼핑이든 뭐든 바로 옆에 붙은 동탄1, 2신도시로 나가서 해결한다. "이럴 거면 왜 오산시만 떨어져 나왔느냐"라고 푸념하는 사람도 실제로 많다(1989년 화성군에서 분리). 하지만 이것도 곧 옛말이 될 듯. 조만간 오산 노른자 땅을 모두 아우르는 세교1, 2지구가 완성될 테니 말이다.

이번 목적지는 세교1지구 가장 끝에 붙어 있는 금암마을(이름이 바로 위 아파트와 동일). 마을 생김새는 전체적으로 둥글둥글, 도로 곳곳이 유기체처럼 연결돼 있다. 폭도 꽤 넓은데 인도까지 합하면 약 7m 이상이다. 길이 여유 있으니 불법 주차도 무시할 수 없는 수준. 다행히 경사로는 그렇게 가파르지 않다. 거의 평지 수준인데, 길 끝 아파트 단지 쪽으로 갈수록 미세하게 올라가는 정도다.

마을 안쪽에는 같은 디자인의 집들이 쭉 늘어서 있는데, 흔히 '땅콩주택' 또는 '듀플렉스 타운하우스'라고 부른다. 단독과 섞여 있어 구별하기 어렵다고? 그렇다면 필지 하나에 출입문이 몇 개인지를 세어보자. 두 개라면 대부분 땅콩주택 맞다(요즘은 현관문을 일렬이 아닌 사선으로도 놓는 추세라 겉에서는 하나로 보일 수 있다).

이 마을은 독특한 점이 있다. 한가운데 큰 어린이공원과 유치원이 계란 노른자처럼 들어앉아 있다는 것. 마치 아이들을 마을 전체가 보호하는 느낌. 작은 사건 사고도 주민들이 쉽게 목격 가능하니 부모로서는 더 안심이 된다. 참 신선한 발상이다.

결론적으로 이 동네, 감히 오산 대장 단독마을이라 부를 만하다. 그만큼 깔끔하고 나무랄 데 없는 입지와 구획을 자랑한다. 그래서일까, 빈 땅이 거의 없다. 지가도 많이 올라 부동산 문을 두드리기조차 부담스러운 수준. 비슷한 입지의 다른 LH 토지를 노린다면 아래 세교2지구를 눈여겨보자. 2023년 현재 한창 공사 중인데 LH 홈페이지에 들어가 '청약센터'를 누른 다음, '토지' 항목에서 '공급계획' 또는 '분양 임대정보'를 눌러 다양한 정보를 확인할 수 있다(검색창에 '오산 세교지구'를 검색).

입지 분석 금암동의 입지는?

• **교통:** 마을을 두고 큰 획 두 개가 시원하게 그어져 있다. 가로로 오산대역로가 1호선 오산대역 방면으로 지나고, 세로로 수목원로가 세교2지구로 이어진다. 오산대역 바로 옆은 서울행 1번 국도, 마을 위쪽으로는 수도권제2순환고속도로까지. 이 정도면 엄지 척이다. 1번 국도의 만성 정체가 좀 스트레스를 주기는 하지만.

대중교통 역시 괜찮다. 마을 앞에 총 버스 다섯 대가 정차하는데, 동탄1신도시를 경유해 강남, 사당역까지 한 번에 도달한다. 동탄1신도시와 거리 차이가 크지 않아 강남권까지 걸리는 시간, 버스 혼잡도도 비슷하다고 예상하면 되겠다. 지도에서는 오전 7시에 버스를

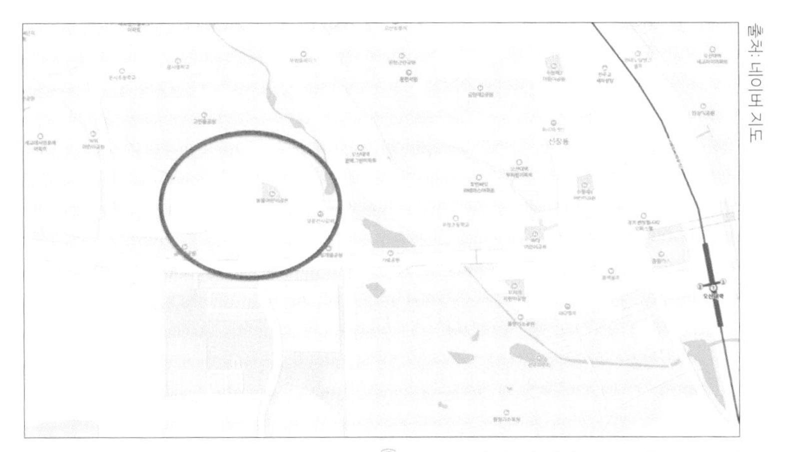

출처: 네이버 지도

내비게이션 검색어: 동물어린이공원

타면 약 1시간 10분 뒤 도착으로 나오니 참고. 1호선 오산대역까지 버스로는 10분 거리(1.4km).

• **교육:** 이 마을에 주목하는 이유 중 하나는 교육이다. 마을 주변을 초·중·고가 둘러싸고 있는데, 고인돌공원 옆에 한 몸처럼 위치해 있다(문시초등학교, 문시중학교). 마을 중심에서 공원을 가로질러 걸어가면 15분 안에 충분히 등하교 가능(1km).

학교 입장에서도 남쪽으로 큰 공원과 전원마을을 바라보고 있으니 얼마나 좋을까. 고인돌공원에 가면 이렇게 학교 시점을 직접 확인할 수 있다(고인돌과 학교가 겹쳐 보이는 포인트도 있으니 재미 삼아 찾아보자). 참고로 이와 비슷한 광경은 수원시 호매실에서도 볼 수 있다.

마지막으로 큰길 건너 아파트 쪽엔 오산시의 명문 세교고등학교가 있다. 걸어서 약 15분 거리(1km).

• **의료, 문화:** 생활 인프라는 고인돌공원 앞쪽으로 커다란 상업지구가 형성돼 있다. 아파트 사이, 초·중·고 사이라 기본적인 인프라는 물론 학원까지 다양하다. 대형 마트는 홈플러스 오산대역점(1.3km), 종합병원은 오산 조은병원(3.2km). 굳이 동탄 인프라까지 고려하자면 한림대학교동탄성심병원(7.5km)이 차로 23분 거리.

이걸로는 좀 부족하다고? 여전히 돈 쓸 데가 별로 없다고? 바로 아래 건설 중인 세교2지구까지 들어오면 지금보다 훨씬 더 풍요로워질 것은 확실하다.

가볼 만한 곳도 많다. 바로 옆에 찰떡처럼 붙은 고인돌공원. 크기도 크기지만 유적지로서는 드물게 섬세한 구성이 매력적이다. 또 대각선 도로 하나만 건너면 경기도립 물향기수목원이 나온다. 여기는 일단 10만 평 규모로 압도. 추가로 언덕 하나만 넘으면 나오는 오산 죽미령평화공원도 있다(2.4km). 6.25전쟁 때 사용한 탱크와 비행기를 직접 만나볼 수 있다.

금암동의 장단점

장점: 준수한 교통망, 뛰어난 교육 환경

단점: 점점 치솟는 가격

경기도 오산시 세교동: 왜 하필 여기?

위치: 경기도 오산시 세교동

대지 추정가: 350만~720만 원(평당, 2023년 기준)

입지 패턴: 민간마을

기반 시설: 도시가스 ×, 전기지중화 ○, × 혼재

도로교통: ★★★☆☆

대중교통: ★★☆☆☆

교육: ★☆☆☆☆

생활 인프라: ★☆☆☆☆

대형 인프라: ★★☆☆☆

추천: 동탄 옆, 동탄보다 저렴한 곳을 찾는 사람

전통이고 추억이고, 돈만 된다면 싹 다 갈아엎는 게 요즘 건설 현장. 세교동에 오면 이런 야심을 똑똑히 목격할 수 있다. 지역 발전을 위한 큰 그림? 로드맵? 그딴 거 없다. 눈떠 보면 고만고만한 집들이 중구난방 우후죽순처럼 올라오니까.

집을 짓는 업자도 문제지만, 도장 찍어주는 관도 문제다. 누군가 "에이, 허가 좀 몇 개 내준다고 당장 뭐 큰일이야 나겠어?"라고 말한다면 고개 들어 파주시 야당동과 광주시 신현동, 능평동을 보게 하라. 난개발의 결과는 그 동네들이 가장 잘 알고 있다.

그나저나 여기는 왜 자꾸 집들이 들어설까? 답은 하나다. 동탄 옆인데 동탄보다 저렴하니까. 거리도 가깝고 큰 도로마저 쾌적하니, 근방에서 '동탄 프리미엄을 누려라!'라는 콘셉트를 잡기에 여기만 한 곳이 없다.

하지만 논밭, 공장, 빌라, 구옥, 타운하우스가 마구잡이로 뒤섞인 어수선한 분위기, 이건 어떻게 할까. 거기에 비좁은, 아니 앞으로 더 비좁아질 잔가지 같은 골목길들과 편의점이라도 가려면 저 아래 큰 길까지 무조건 차로 내려와야 하는 불편함은 또 어쩌고. 설마 이게 동탄의 프리미엄? 허울만 좋지 완전 '허당'이다.

일단 타운하우스가 제일 많이 몰려 있는 대형 음식점 밀집 지역 쪽으로 향해보자. 경사가 살살 시작되나 그리 부담스러운 정도는 아니다. 식당들이 사라지자 역시나 골목골목 똑같은 모양의 집들이 끝

없이 펼쳐진다. 벙커 주차장, 계단식 배치…. 얼마나 인기가 좋았는지 멈출 줄 모르고 4차, 5차, 점점 늘어나는 중이다.

도로는 나름 정돈해놨지만 폭은 글쎄, 차량 두 대가 오가면 눈치 싸움을 피할 수 없어 보인다. 더 문제는 뱀처럼 구불구불한 길이 난데없이 툭툭 끊겨 있다는 점. 답사 왔다가 차 수리비 지출하기 싫으면 바짝 긴장하자.

가장 높은 곳에서 내다보는 전경은? 저 멀리 1호선 세마역 앞 병풍 같은 아파트 뷰가 전부다. 그나마 마을 아래쪽에 큰 건물이 없어서 조망은 나름 시원한 편.

다시 왔던 길을 더듬어 내려가보자. 이 마을, 입구에 커다란 보호수까지 있을 만큼 유서 깊은 동네다. 게다가 마을 전체가 야트막한 언덕 위에 있어 전부 남향으로 보기에도 딱 좋고. 이런 곳에 아깝게 굳이 타운하우스를 짓겠다는데, 관은 그저 기계적으로 도장 찍어주는 것밖에 관심이 없었을까. 좀 더 규정을 촘촘히 엮어 개발과 보존 두 마리 토끼를 모두 잡는 방법도 분명 있었을 텐데.

답사 내내 논밭의 불법 소각 연기와 흙발로 사방팔방 거리낌 없이 오가는 대형 트럭들을 보면서, "이거 왠지 씁쓸하구먼"이라는 오래된 유행어가 떠올랐다. 그러니 당신도 꼭 한번 가보길 바란다. 타운하우스와 난개발에 대한 가치관이 자연스럽게 정립될 테니까.

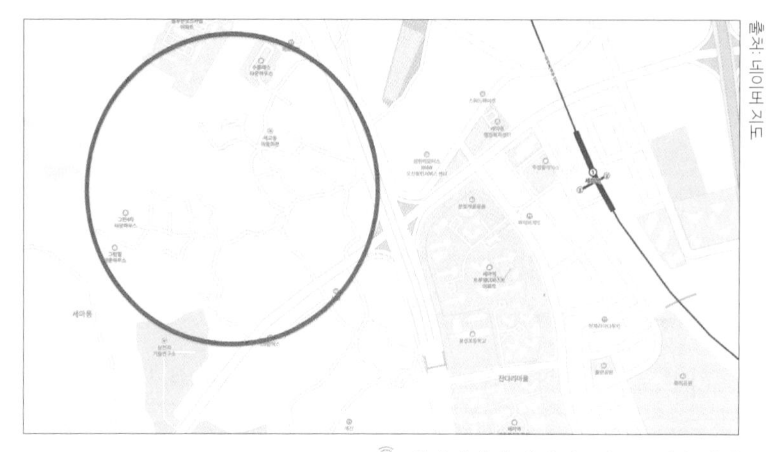

출처: 네이버 지도

내비게이션 검색어: 세교동마을회관

입지 분석 세교동의 입지는?

• **교통:** 일단 교통은 좋다. 서울행 1번 국도와 수도권제2순환고속도로가 지척이고 43번 국도와 동탄 너머 경부선까지. 거기에 서부로와 동탄1신도시로 한방에 넘어가는 독산성로가 크로스. 이러니 분양업자 단골 멘트 '사통팔달'에 기가 막히게 들어맞지!

대중교통은 또 어떤가. 마을 앞 세마교차로 대각선 너머가 1호선 세마역이다. 그 교차로 사거리엔 오래된 농협 창고가 하나 있는데, 거기서 버스를 타면 모두 세마역까지 간다. 10분 이내 거리로 800m 밖에 안 되니, 이곳도 넓게 보면 역세권이다.

• **교육:** 학교도 모두 한쪽에 모여 있다. 광성초등학교, 세마중학교, 세마고등학교(모두 1.2km). 세마역 앞 아파트와 상업지구 사이에 들

어가 있어 학원 같은 인프라도 나쁘지 않다. 혹시 부족한 게 있다면 아직 인근에 공사 중인 대형 상가 건물들을 기대해봐도 좋을 듯.

• **의료, 문화:** 마을 내부엔 아무것도 없다. 심지어 그 흔한 편의점조차! 타운하우스 쪽에만 일부 대형 음식점이 줄지어 있는 정도. 따로 급히 필요한 게 생기면 무조건 길 건너 세마역 쪽으로 나가야 한다.

대형 인프라. 병점역 인근 홈플러스 병점점이 3.7km로 가깝기는 하나, 막히는 1번 국도를 이용해야 한다는 부담이 있다. 차라리 직진만 하면 닿는 동탄1신도시가 심리적으로 더 가깝게 느껴진다. 구체적으로 홈플러스스페셜 화성동탄점(4.8km), 삼성본병원(3km), 한림대학교동탄성심병원(13km) 등이 있다. 그야말로 동탄 프리미엄에 빨대를 제대로 꽂은 듯하다.

세교동의 장단점

장점: 빼어난 외부 도로망

단점: 복잡한 내부 도로, 취약한 생활 인프라

경기도 평택시 지산동, 송북동: 평택, 팩트 폭격!

위치: 경기도 평택시 지산동, 송북동

대지 추정가: 200만~230만 원(평당, 2023년 기준)

입지 패턴: 민간마을

기반 시설: 도시가스 ×, 전기지중화 ×

도로교통: ★★☆☆☆

대중교통: ★☆☆☆☆

교육: ★☆☆☆☆

생활 인프라: ★☆☆☆☆

대형 인프라: ★★☆☆☆

추천: 목가적인 풍경을 원하는 사람(단 소음에 둔감할 것!)

참 신기하다. 마을 중앙의 지산로를 중심으로 작은 마을 대여섯 개가 산발적으로 퍼져 있다. 게다가 추가로 꾸준히 마을이 늘고 있는데, 줄기에 매달린 포도 알맹이처럼 다닥다닥. 대체 뭐가 그리 좋아 여기로 모이는 걸까? 지금부터 이유를 찾아보자.

첫 번째 방문지는 지산 전원마을. 전체적으로 서구적인 인상을 주는 까닭은 오래전에 만든 미군 렌털 하우스라서 그렇다. 도로도 깔끔하고 동네 안내판 같은 것에 아기자기하게 신경 많이 썼다. 특히 길 끝을 둥글려 회전식으로 만든 점은 높이 산다. 막다른 곳에서도 차가 빠져나가기 편리하다.

바로 옆에도 비슷한 마을이 있으니 곧장 들어가보자. 이름은 우곡 전원마을 스틸하우스. 집을 철로 만들었나 보다. 스틸하우스는 쉽고 빠르게 집을 올릴 수 있는 대신 여름에 덥고 겨울에 춥다. 학교에서 배운 '열전도율'이라는 철의 본성 때문이다. 참고로 철골구조는 우리나라에 한정해 경량목구조보다 벌레와 습기 면에서 우위라는 의견도 있다.

주택 구조야 그렇다 치자. 아쉬운 것은 마을 길이다. 지산 전원마을과 달리 도로가 제멋대로다. 잘 가다가 느닷없이 길이 90도로 꺾이질 않나, 분명 이어진 길이라 생각하고 들어간 곳이 남의 집 마당이질 않나….

'안쪽에서 헤매지 말고 큰 그림을 보자'라고 생각해 일단 다시 마을 밖으로 나왔다. 뒷길로 한참을 크게 돌았더니 이제야 마을 전체가 보인다. 바로 옆 지산 전원마을과 함께 넓은 논밭 가운데 섬처럼 떠 있는 전원마을. 이른바 사방이 '논 뷰'다. 사계절 내내 논의 극적인 변화를 거실에서 볼 수 있어 지루하지 않다는 장점이 있지만, 동시에 퇴비, 농약, 불법 소각 장면을 코앞에서 목격해야 한다는 단점 역시 만만치 않다.

이제 큰길, 지산로를 건너 언덕에 솟은 세 번째 마을로 가봤다. 앞선 두 곳이 아메리칸 스타일이었다면 이 마을 집들은 전형적인 한국식 타운하우스. 언덕을 따라 생선 가시 모양으로 배치된 길만 봐도 알 수 있다. 정남향에 널따랗게, 모두 콘크리트나 벽돌로 튼튼하게 집을 올렸다. 아마 이 근처에서 가장 최신의, 가장 고급스러운 주택단지인 듯(여기도 길 끝을 둥글렸다!).

그 옆은 지산로에 붙은 이 일대 메인 주거지, 지산이주단지. 단독, 빌라, 상가가 혼재돼 있지만 큰 건물이 없어 꽤 호젓하고 아늑한 분위기다. 이곳을 통과하면 바로 타운하우스, 또 타운하우스… 계속 연결돼 있다. 주변은 여지없이 논 뷰로 사방이 평야로 뻥 뚫렸고. 앞쪽은 한창 도로 공사 중인데 길 따라 열심히 올라가는 단독주택들이 멀리서도 무척 잘 보인다.

'이제 다 봤나? 논 뷰 전원마을, 괜찮네'라고 생각하며 돌아서는 순간, 갑자기 고막을 찢을 듯한 굉음이 들렸다! 하늘 위로 검은 물체가 육안으로 선명히 보일 만큼 낮게 줄지어 지나간다. 그 보기 어렵다는, 탱크 잡는 괴물 A-10 폭격기다. 거의 5분 단위로 한 무리씩 나타나 공중을 할퀴고 사라지는데 소리가 장난이 아니다.

그렇다. 이 지역의 가장 큰 문제는 땅이 아니라 하늘에 있었다. 아니, 저게 왜 여기로 다녀? 이 소음을 대체 무슨 수로 견뎌?

찾아보니 미군 비행장이 바로 옆이다. 일반 육군 기지라면 헬기 정도 뜨는 수준이지만 여기는 공군. 그야말로 대놓고 전투기, 폭격기 훈련장이다.

더 안쓰러운 것은 이 비행기들의 이착륙 경로가 이곳 지산동, 송북동과 정확히 일치한다는 것. 그러니 여기 살면 불시에 나타나 고막을 때리고 사라지는 저들의 훈련 모습을 망연자실 바라볼 수밖에 없다(참고로 운서동은 인천국제공항이 바로 옆인데도 거의 소음이 없는데 비행기 이착륙 경로가 마을과 90도로 꺾여 있기 때문).

나라를 지키는 분들께 뭐라 할 수는 없다. 순서만 따져도 군부대가 먼저고, 그걸 빤히 알면서 나중에 집들이 들어온 거니까. 그럼에도 군은 이 지역에 소음 피해를 보상하고 있다.

현재는 폐쇄된 '군용비행장 소음 지역 조회 사이트'에 답사 후 바로 접속해봤다. 월 3만 원, 이 지역 소음 피해 보상비다. 여기 살면 이 돈 받고, 저 소리 다 참으라는 뜻일까? 물론 선택은 당신의 몫. 현장에서 눈과 귀로 직접 경험한 뒤에도 늦지 않다. 아, 부대 훈련은 빨간 날에는 없고 평일에만 있으니 날짜도 확인!

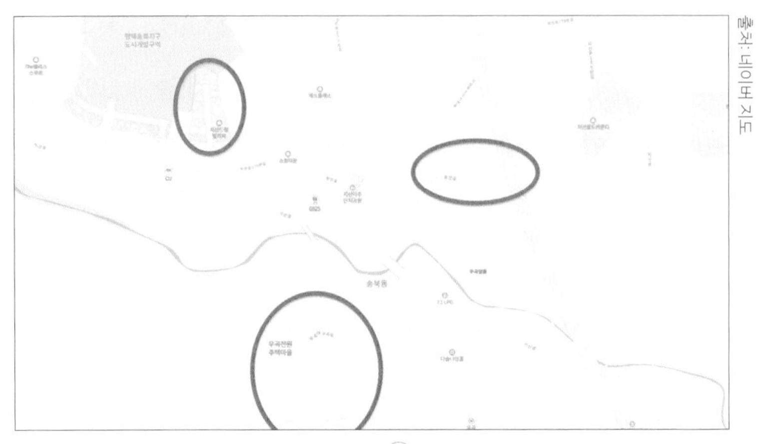

출처: 네이버 지도

내비게이션 검색어: 지산전원주택

입지 분석 지산동, 송북동의 입지는?

• **교통:** 나쁘지 않다. 크게 보면 왼쪽에 서울행 1번 국도, 오른쪽엔 317번 도로가 있어 가운데 지산로와 함께 정확히 H자 모양이다. 더 멀리 경부고속도로도 있지만 나들목이 좀 멀다. 1시 방향 남사진위IC, 차로 15분 거리(7.2km).

이곳 대중교통의 중심은 역시 1호선 송탄역(2.8km). 오래된 역이라 인근에 송탄터미널과 재래시장, 행정복지센터 등 크고 작은 인프라까지 모두 집결해 있다. 아쉬운 점이 있다면 마을과 이어지는 버스 노선. 마을 중앙의 지산로에 정류장이 좀 보인다만 다들 텅텅 비었다. 그래도 버스가 서기는 선다. 배차 간격이 무려 180분이라는 게 함정이지만. 그나마 한 번에 역까지 가니 불행 중 다행이다.

• **교육:** 학교도 나름 괜찮다. 인근 아파트 단지들 덕분이다. 송북초등학교(1km), 송탄중학교(2km).

• **의료, 문화:** 생활 인프라도 지산마을에 없는 것은 여기서 대체로 보완 가능하다. 그래도 없으면? 무조건 송탄역 주변으로 향하자.

지산동, 송북동의 장단점

장점: 목가적인 풍경, 지하철역 근접

단점: 귀가 따가운 전투기 소음

경기도 평택시 고덕동: 삼성, 약인가 독인가

위치: 경기도 평택시 고덕동 고덕국제화지구

대지 추정가: 670만~710만 원(평당, 2023년 기준)

입지 패턴: 나라마을

기반 시설: 도시가스 ○, 전기지중화 ○

도로교통: ★★★☆☆

대중교통: ★☆☆☆☆

교육: ★☆☆☆☆

생활 인프라: ★☆☆☆☆

대형 인프라: ★★☆☆☆

추천: 경기 남부에서 수익형 단독주택을 원하는 사람

동네 한 바퀴 한창 발전 중인 국제신도시

평택시의 발전 속도가 어마어마하다. 매스컴에서도 '불황을 타개할 주인공은 평택'이라며 전국 건설, 산업 역군을 끌어모으고 있다. 그 중심에는 고덕국제신도시가 우뚝 서 있다. 용산 미군부대 이전, 삼성 반도체 라인 증설 등 연이은 호재로 향후 10년 이상 바글바글 뚝배기처럼 끓어오를 지역이다.

이곳은 총 세 군데 마을을 둘러봤다. LH가 택지를 분양한 순서대로인데, 거의 완성돼가는 곳, 이제 막 짓기 시작한 곳, 땅 주인도 아직 다 못 정한 곳, 이렇게 세 곳이다.

첫 번째 마을은 삼성전자 바로 앞 대형 지식산업센터 건너편. 거의 완성돼가는 곳이다. 도착하자마자 가장 먼저 눈에 띄는 것은 도로 한쪽을 차지한, 그야말로 물샐틈없는 주차 행렬. 정말 차 한 대, 아니 자전거 한 대 끼워 넣을 틈도 없다. 썰지 않은 김밥처럼 차들이 기다랗게 도로 양쪽을 꽉꽉 눌러 채웠다.

따라서 모든 마을 길은 부득이하게 시골 외길, 농로가 돼버렸다. 아무리 단독마을에서는 이런 주차 행태가 흔하다지만, 여기는 도를 넘어도 한참 넘었다. 수도권 어디를 돌아도 이런 진풍경은 처음이다. 사람이야 피해 다닌다지만 이미 입주한 세대는 답답해서 어찌 살까? 실제로 집 앞 도로에 공사용 대형 바리케이드를 두고 '주차 절대 금지'라고 표시한 것도 봤다. 일종의 분노 표출이다.

그나저나 이 차들의 정체는? 확인해보니 삼성 반도체 공장 증설로 인한 인부들 차량과 턱없이 부족한 삼성 내부 주차장이 원인이란다. 이미 주민들이 민원을 수없이 제기했지만, 상대가 상대인지라 묵묵부답(평택시가 주차 타워 건설을 반대한다는 주장도 있다). 게다가 앞으로 4~5년 공사가 더 이어진다고 한다. 지역 경기 활성화야 좋은 일이라지만 주민 입장에서는 주차와의 전쟁을 피할 수 없으리라.

두 번째 마을, 이제 막 짓기 시작한 곳이다. 빈 땅이 많지만 앞쪽에는 어느 정도 건물이 들어섰다. 이 건물들, 첫 번째 마을에서처럼 이 마을에서도 대개 다가구, 다세대다. 그 사이 단독주택은 가뭄에 콩 나듯 드문드문.

자, 이쯤에서 질문. 그렇다면 다가구, 다세대가 나쁜 건가? 꼭 그런 것은 아니다. 지역 인구 증가에 한몫하니 그만큼 생활 인프라가 늘어나 동네 전체의 발전에 긍정적인 역할을 한다. 또 고덕은 삼성과 주변 업체들 덕에 다가구 임대 시장이 무척 활성화돼 있다. 단독과는 수익률에서 비교 불가니 고정 수입을 노린다면 나 같아도 당연히 다가구를 택할 것이다.

하지만 역시나, 단독마을만의 호젓함? 이런 곳에서는 기대하기 어렵다. 다가구의 대표적인 특성은 임대 위주 주거 형태. 따라서 마을에 대한 애정이 약할 수밖에 없다. 결국 주차, 소음 등 각종 민원 역시 이곳에선 자연스러운 일이다. 여유로운 단독생활을 꿈꾸는 이들에게 '다가구의 역습'은 심사숙고해야 할 대목이다.

이런 곳은 대체 어떻게 접근해야 할까? 우선 허용된 건축 용도가 어떤 것인지부터 봐야 한다. 국토부의 '토지이음'이라는 사이트에 들어가면 토지이용계획을 확인할 수 있다. 여기서 행위 가능 여부, 즉 단독주택이나 다가구가 들어올지를 대략 확인할 수 있는데, 아쉽게도 세대수 규정(1필지당 몇 세대가 들어올 수 있는지)은 알 수가 없다. 그렇다면? 시청 부동산과에 직접 전화하는 수밖에(이마저도 지역마다 답변 여부가 다르다!).

하지만 역시 좀 귀찮다. 또 다른 꼼수, 바로 '먼저 들어온 집 관찰하기.' 다가구가 많다면 100% 세대수 규정이 없는 동네다. 그런데 아직 동네가 황무지라면? 조금만 기다리자. 마음 급한 건축주가 먼저 집을 올릴 테니까. 한 5~10세대 이상 올라가면 대략 느낌 온다. '어라, 하나둘씩 다가구가 올라오네?' 싶으면 금방 다가구촌이 될 확률이 높다. 공무원 행정 특성상 한번 허가 난 사례가 있으면 앞으로도 계속 인용될 것은 불 보듯 뻔하니까. 간단히 말하자면 단독이냐 다가구냐, 눈치싸움 한판! 호젓한 단독마을을 찾는다면 이런 부분까지 잘 챙겨봐야 한다.

이제 세 번째 마을, 땅 주인도 아직 다 못 정한 곳으로 가보자. 내비게이션에 검색했을 때는 꽤 가까웠다. 그런데 길 찾기를 누르니까 신도시 외곽을 빙 돌아가라고 한다. 아직 내부 도로가 업데이트되지 않았기 때문이다. 길눈이 좀 밝다면 알아서 빠른 길로 헤쳐가는 것도 방법이다.

마음 편히 먹고 도시를 한 바퀴 돌아봤다. 현재 고덕은 전형적인 초기 신도시의 모습 그대로다. 커다란 공사 차량이 왔다 갔다, 먼지는 뿌옇고, 가끔 화려한 상가 분양 컨테이너가 눈에 띌 뿐 인적마저 드물다.

하지만 이런 곳에 몇 년 뒤 와보면 깜짝 놀랄 때가 한두 번이 아니다. 맛집에 인파에 여기저기 복작복작… "뭐, 아무것도 없네!" 하며 돌아선 과거의 나를 놀리기라도 하듯 어느새 북새통이 돼 있다. 이 과정, 딱 한 번이라도 겪어보라. 새파란 신도시만 만나면 자연스럽게 군침이 돌지도 모른다. 뿌연 먼지 속 피어나는 희망, 기대, 욕심, 조바심, 신도시란 사람을 안달복달하게 만드는 묘한 에너지가 있다.

지구 가장 끝, 서부영화에나 나올 법한 황무지에 도착했다. 최근 LH에서 분양을 막 끝낸 자리다. 그러니 다가구고 뭐고 집 자체가 거의 없다. 당연히 줄지은 주차 차량도 없고. 그러자 비로소 보인다, 도로 너머 살뜰한 기반 시설들이. 넓은 인도, 최신식 놀이터… '평택시에서 힘 좀 주고 있구나!'가 확실히 느껴진다.

그나저나 여기서는 비행기 소음이 어떨까? 지도상 고덕국제신도시 위에는 오산 공군비행장, 아래에는 평택비행장이 있다. 그 사이 샌드위치처럼 동네가 딱 껴 있다. 따라서 전투기 자체를 피할 방법은 없다. 실제로도 답사 중 많이 목격했다.

하지만 의외로 소음은 거의 들리지 않는 편이다. 전투기 이동 경로가 완전히 다르기 때문이다. 인근 지산동, 송북동에 비하면 고덕동은 거의 독서실 수준. 직접 가기 어렵다면 유튜브에 비교 영상이 있으니 꼭 확인해보자.

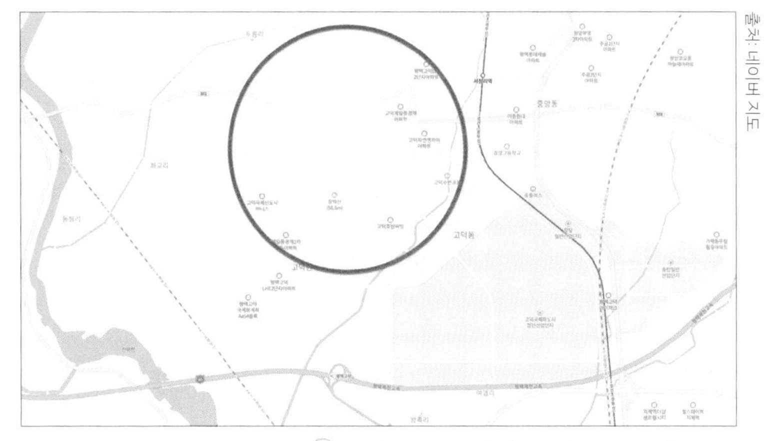

출처: 네이버 지도

내비게이션 검색어: 고덕누리봄어린이공원

입지 분석 고덕동의 입지는?

• **교통:** 1번 국도, 45번 국도, 평택제천고속도로, 평택파주고속도로 등이 마을 외곽에 거미줄처럼 촘촘히 엮여 있다. 아쉬운 것은 주로 지구 동쪽, 삼성전자 부근에 좀 더 치우쳐 있다는 것. 반대로 서쪽 지역은 한적하고 여유롭다는 뜻이니 좋게 생각하자.

대중교통은 아직이다. 고덕면행정복지센터에서 서정리역까지 6.1km. SRT, KTX가 서는 평택지제역까지는 9.3km. 주변에 버스가 모이는 괜찮은 스폿들이 존재하지만, 지구와 연결되는 노선은 부족한 상태. 전형적인 초기 신도시의 특징이다. 하지만 이것도 다 시간이 해결해줄 것이다.

• **교육:** 당연히 좋다. 초·중·고들이 예정지 포함, 주변에 빼곡하다.

모두 걸어서 통학 가능.

• **의료, 문화:** 생활 인프라가 아직 취약하다. 2023년 현재 대부분 입주를 마친 첫 번째 마을만 딱 상황이 괜찮다. 대형 지식산업센터 내부는 물론, 전면 상가주택 블록 쪽에 편의점, 식당 등 온갖 프랜차이즈가 가득하다. 나머지는? 그냥 황야다.

대형 마트는 홈플러스 송탄점이 4.4km, 신도시 한가운데 함박산 기준이다. 아직은 여기밖에 없지만 추후 단지 안에 당연히 들어설 테다. 당분간은 길 건너 장당동 구도심 인프라를 이용하는 수밖에. 종합병원인 PMC박병원도 홈플러스 바로 옆이다.

고덕동의 장단점

장점: 부족함 없는 신도시 인프라

단점: 다가구 혼재, 대형 산업체 관련 민원

수도권 서쪽

수도권 서쪽의 살펴볼 만한 단독·전원마을

이 장에서는 경기도 부천시, 광명시, 시흥시, 김포시와 인천광역시 서구, 중구에 있는 마을을 다룬다. 구체적으로 다음과 같다.

- 경기도 부천시 작동
- 경기도 광명시 하안동
- 경기도 시흥시 정왕동
- 경기도 시흥시 능곡동
- 인천광역시 서구 청라동
- 인천광역시 중구 운서동
- 경기도 김포시 장기동

경기도 부천시 작동: 부천에 이런 곳이?

위치: 경기도 부천시 작동

대지 추정가: 1,900만~2,000만 원(평당, 2023년 기준)

입지 패턴: 나라마을

기반 시설: 도시가스 ○, 전기지중화 ○

도로교통: ★★★☆☆

대중교통: ★★★★☆

교육: ★★☆☆☆

생활 인프라: ★★☆☆☆

대형 인프라: ★★★☆☆

추천: 초역세권으로 강남 출퇴근이 가능한 단독주택을 원하는 사람

작동에 단독마을이 생긴 것은 순전히 김포공항을 오가는 항공기 소음 덕분이다. 피해 지역인 오쇠리 주민들의 이주자택지로 선정된 곳이 바로 여기 작동이니까. 그 후, 늘 그렇듯 원주민 70%가 땅을 팔고 떠났다. 오호통재라, 세월이 흘러 지하철 7호선이 코앞에 생긴 2023년 현재 이 마을은 명실상부한 서남부 최고의 전원마을로 다시 태어났으니!

그렇다고는 해도 동네가 좀 낡긴 했다. 한 바퀴만 돌아도 어릴 적 봤던 추억의 단독주택이 대부분이니까.

마을 내부 도로는 의외로 넓다. 약 8~13m, 이 정도면 신도시 빰친다. 내부 도로가 가장 시원했던 위례 한빛마을과도 견줄 만하다. 게다가 구획도 잘돼 있어 길이 전혀 끊기지 않고 차들이 잘 빠질 수 있도록 부드럽게 연결했다.

그런데 이렇게 길만 좋으면 뭐 하랴. 가장자리 한쪽, 어떨 땐 양쪽에 차들이 진을 치고 있는데. 이것이 바로 초역세권 단독주택의 비애다. 이런 주차 행렬은 상가와 지하철역이 있는 사거리 쪽으로 갈수록 더 심해진다. 마을 안에 공용주차장이 있지만 어림도 없다.

또 역 바로 앞에 공원이 있는데 그 주변에서 발생하는 각종 민원 역시 안 봐도 비디오. 똑같이 지하철역과 딱 붙어 있는 하남시 덕풍동 단독마을도 비슷한 문제로 골머리를 앓는 중이니 비교해보자.

장점도 많다. 특히 녹지가 풍성하다. 걷고 있으면 단독마을이 아니라 공원에 와 있는 기분이다. 또 길처럼 공원 역시 계속 이어져 있다. 초역세권임에도 이렇게 마을 전체가 공원 같은 분위기를 가진 경우는 무척 드물다(역에서 떨어진 곳 한정).

게다가 길 건너 부천역곡 공공주택 사업, 부천종합운동장의 GTX·대곡소사선 쿼드러플 역세권 등 호재가 겹겹이 있어 땅값 오르는 소리마저 심상치 않다. 비록 단독주택이 투자용 부동산은 아니라지만, 일단 가격이 오르면 입꼬리도 올라가기 마련이다.

입지 분석 작동의 입지는?

• **교통:** 마을 중앙을 가로지르는 역곡로를 통하면 위로 경인고속도로 신월IC까지 12분 거리(4km), 아래 경인로 오류IC는 13분 거

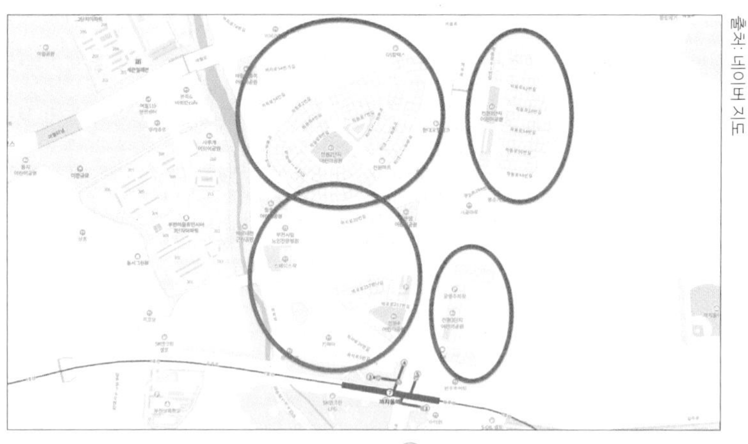

출처: 네이버 지도

내비게이션 검색어: 까치울마을

리(5.5km)다. 또 평택파주고속도로 동부천IC가 인근에 조성 중이라 앞으로 여건은 더 좋아질 듯.

하지만 이 지역 교통의 최고는 역시 7호선 까치울역. 아무리 마을 끄트머리에 살아도 역까지 도보로 불과 5분 내 닿는다. 서울 어디서 약속을 잡든 지하철이 집 앞까지 들어오니, 이렇게 든든할 수가! 그 덕분에 주변으로 향하는 버스들이 모두 여길 들른다.

그러나 단독·전원주택 입장에서 이게 늘 반갑지만은 않다. 앞서 언급한 주차 문제야 차치하더라도, 까치울역 하루 승하차 인원만 1만 5,000~2만 명(2019년 기준). 아래 원종동, 고강동 사람들까지 아침저녁으로 우르르 몰려온다. 상상만 해도 아찔하다. 여유롭고 한적해야 할 단독마을에 매일 사람들로 바글바글하다니…. 단독주택과 초역세권의 관계는 이렇게 득과 실이 뚜렷하다.

• **교육:** 나쁘지 않다. 까치울초등학교 600m, 성곡중학교 1km, 조금 더 가면 까치울중학교 2km. 자녀 있는 가정이라면 후보지로 넣을 만한 거리다.

• **의료, 문화:** 생활 인프라가 빈약하다. 지하철역 앞 작은 상권, 마을 옆 휴먼시아 아파트 단지 내 상가가 전부다. 동네 주민들도 인정하는 부실 상권. 조금만 기다리면 주변 개발로 다양한 상가들이 생겨나긴 할 텐데, 그때까지 달리 뾰족한 수가 없다.

반면 대형 인프라는 꽤 쏠쏠하다. 홈플러스 부천점(2km), 서울특별시 서남병원(2.9km), 가톨릭대학교 부천성모병원(4km).

가볼 만한 곳으로는 마을 바로 옆에 붙은 베르네천, 부천 생태공원(1.4km), 부천 종합운동장 (2.1km) 등이 있다.

작동의 장단점

장점: 초역세권, 완벽한 인프라, 깔끔한 정비

단점: 부담스러운 가격, 역 앞에서 나오는 민원들

경기도 광명시 하안동: 전원주택, 납득 불가!

위치: 경기도 광명시 하안동

대지 추정가: 1,220만~1,350만 원(평당, 2023년 기준)

입지 패턴: 나라마을

기반 시설: 도시가스 ○, 전기지중화 ○

도로교통: ★★★☆☆

대중교통: ★★☆☆☆

교육: ★☆☆☆☆

생활 인프라: ★☆☆☆☆

대형 인프라: ★★☆☆☆

추천: 자차로 강남 출퇴근 편리한 단독주택을 원하는 사람

설명이 부족한 광명 프리미엄

어떤 마을이든 가격이 높다면 그에 걸맞은 이유가 있는 법. 하지만 여기는 뒤에 앉은 도덕산에 가서 산책하기 좋다는 점 말고는 아무 근거가 없다. 그럼에도 토지 가격은 역세권 저리 가라 할 만큼 고가. 왜? 광명시는 2022년 말 '투기과열지구' 꼬리표를 뗐지만 여전히 지역 프리미엄이라는 낡은 회로가 작동하는 곳이니까. 7호선 광명사거리역, 철산역 주변은 아무리 빠졌다고 해도 가격이 여전히 천상계니, "숭어가 뛰니 망둥이도 뛴다"라는 옛말은 딱 이 마을에 적합하다.

한 바퀴 돌아보자. 동네 자체가 작은데, 그나마 주거용은 단독보다 다가구, 다세대가 훨씬 많다. 더 큰 문제는 마을 앞 진입로 쪽이 먹자골목이라 대형 음식점이 가득하다는 점. 광명시가 밀고 있는 밤일음식문화거리가 바로 여기다. 모르는 사람에겐 '집 앞 다양한 맛집'이라는 콘셉트도 그다지 나쁘지 않아 보일지 모른다. 부수적인 편의시설이 가까울 테니까.

하지만 동네 입구부터 휘황찬란한 가게들이 떡 버티고 앉아 소음, 냄새를 뿜어댄다면? 손님 차량이 점점 밀려들어 내 집 안까지 침범한다면? 그건 180도 다른 이야기다. 편리가 아니라 불편이다. 그렇다고 어디 가서 하소연할 데도, 민원 넣을 데도 없다. 왜? 애당초 마을 계획 자체가 그런 것을! 그야말로 사는 내내 늘 체한 듯 답답할 테다.

아이러니하게도 바로 이 지점이 우리가 배워야 할 부분이다. 생활 상권과 내 집 앞까지의 거리는 어느 정도가 적합한지, 바로 이 마을에 힌트가 있다. 넓게 보면 김포시 장기동과 성남시 판교동도 이와 상황이 비슷하다. 하지만 시흥시 정왕동과는 판이하게 다르고. 그러니 꼭 답사해서 차로 둘러보고 직접 걸어보며 비교 분석하길 바란다. 시간과 돈을 들여 마을을 답사하는 궁극적인 이유는 바로 더 큰 시간과 돈을 허투루 쓰지 않기 위해서니까!

입지 분석 하안동의 입지는?

• **교통:** 자차만 있다면 위치 자체는 참 괜찮다. 아래 강남순환도시고속도로를 타면 서초IC까지 45분 거리다(23km, 소하IC 기준). 물론 출퇴근 시간에는 더 늘어나겠지만, 그게 어디야. 게다가 비슷한 거리에 제2경인고속도로도 있으니 성남, 판교까지도 오가는 데 큰 무리가 없다.

다만 대중교통이 안쓰럽다. 지하철은 없고 버스를 타도 역까지는 한참을 돌아가야 한다. 철산역과 광명사거리역 모두 비슷한 거리인데, 심지어 철산역까지는 환승도 해야 한다. 차라리 마을 뒤 도덕산으로 그냥 걸어서 넘어가는 편이 더 가깝다.

그럼 광명사거리역은? 버스로는 직통이지만 거기까지 코스가 또 헬게이트. 다리 건너 독산역은 말도 마라. 환승+정체다. 광명 땅값

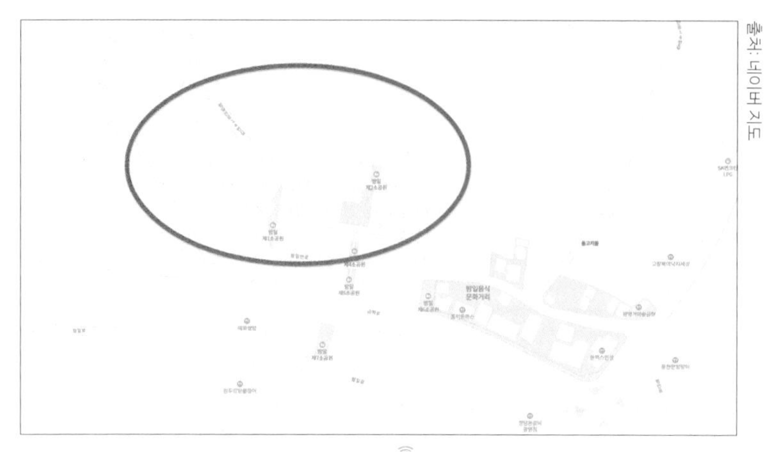

출처: 네이버 지도

🚘 **내비게이션 검색어: 하안장로교회**

이 비싼 이유는 다름 아닌 지하철역인데, 같은 광명인 이곳에서는 저 먼 딴 동네 이야기다.

• **교육:** 교육도 눈물 난다. 마을 안에 유치원 하나가 전부. 가장 가까운 초등학교, 중학교인 하안지구의 가림초등학교, 가림중학교까지는 3.5km 떨어져 있다. 아이가 있다면 클수록 고달파지는 동네다.

• **의료, 문화:** 생활 인프라는 밤일음식문화거리에 당연히 있을 것 같다고? 신기하게도 편의점 하나 없다! 대부분 식당과 카페다. 또 작은 병의원이라도 가려면 무조건 하안동 우체국 사거리까지 나가야 한다. 차로 12분 거리(3km).

그나마 대형 인프라는 상황이 좀 낫다. 뉴코아아웃렛 광명점

(2.6km), 이마트 소하점(2.7km), 광명성애병원(4.2km).

그 밖에, 이 마을 곳곳에 투쟁, 단결 현수막이 나부낀다. 구로차량기지 광명 이전이 이 지역의 해묵은 이슈이기 때문이다. 마을은 소음과 분진 문제로 반대 중이지만, 여전히 결론이 나지 않은 문제라 조금 더 지켜봐야 하겠다.

하안동의 장단점

장점: 강남권 접근성

단점: 상업 구역 밀착, 부담스러운 가격

경기도 시흥시 정왕동: 바다는 더 조심!

위치: 경기도 시흥시 정왕동

대지 추정가: 360만~380만 원(평당, 2023년 기준)

입지 패턴: 나라마을

기반 시설: 도시가스 ○, 전기지중화 ○

도로교통: ★★★☆☆

대중교통: ★☆☆☆☆

교육: ★☆☆☆☆

생활 인프라: ★☆☆☆☆

대형 인프라: ★★☆☆☆

추천: 바다와 레저(서핑)를 사랑하는 사람

바닷가 마을의 장점과 단점을 한 번에

시화MTV. 시흥시에서 '레포츠 도시'로 콘셉트 잡고 한창 밀고 있는 동네. 서해 바다를 막은 시화 담수호 간척지 끝자락에 형성돼 있다. 하늘에서 보면 거북이 모양의 인공섬도 있는데, 국내 최초 서핑 전용 관광지 거북섬이다.

거기서 약 1.2km 떨어진 곳이 지금 소개할 단독 필지. 향은 모두 남서쪽, 시행사는 2015년 수자원공사다. 총 136개 필지가 바둑판처럼 쪼개져 있다. 크기는 80~105평. 1종 전용으로 다가구는 아예 지을 수 없다.

혹시 바닷가 전원마을에 대한 로망이 있나? 만일 그렇다면 대개 마을 앞 멋진 오션 뷰를 기대할 테다.

그러나 실제로 답사깨나 돌아본 사람은 안다. 바닷가 주변에 이런 조망을 가진 단독·전원마을은 의외로 찾기 힘들다는 것을. 해풍, 파도 등 날씨 때문에 주택은 보통 바다와 좀 떨어져 짓기 마련이니까. 따라서 바다 전망이 우수한 앞 라인은 횟집이나 카페 같은 상가들로 채워지는 게 일반적이다.

하지만 정왕동은 다르다. 기본적으로 저 앞에 보이는 게 바다가 아니니까! 무슨 뚱딴지같은 소리냐고? 마을 앞의 물은 자연의 바다를 방조제로 막아 만든 인공 담수호, 정확히 말해 호수다. 따라서 날씨 영향이 아예 없지는 않지만 직접적으로 받는 것은 아니다. 물결도 늘 잔잔하다. 그래서 이곳에 주택이 일렬로 예쁘게 놓인 것이다.

마을 끝에 앉아 이 호수를 가만히 바라보자. 탁 트인 정면으로 긴 띠를 이룬 시화방조제가 보일 것이다. 거기서 오른쪽으로 고개를 돌리면 거북섬, 왼쪽으로 돌리면 새솔동 송산그린시티. 모두 정왕동처럼 인공호수가 주는 이점을 최대한 살려 만든 동네들이다.

하지만 아무리 호수처럼 얌전하게 가둬놨다고는 해도 기본 성분은 역시 바닷물. 따라서 이곳도 바닷가 전원마을의 단점에서 결코 자유롭지 못하다. 습도, 관광객, 해충 말이다. 그중에서도 특히 '관광객'에 밑줄 쫙.

솔직히 걱정된다. 바로 옆 거북섬 테마파크로 향하는 자전거길이 마을 바로 앞에 조성돼 있는데, 실제로 가보면 잠시만 서 있어도 수많은 자전거족들이 수시로 지나간다. 추가로 조깅, 하이킹은 물론 인근 빌라 단지에서 산책 나온 사람들까지… 평상시가 이 정도인데 한창 휴가철에는 거의 도떼기시장을 방불케 하리라.

이게 다 산책로, 자전거길, 공원을 너무 잘 조성한 탓이다. 좋다. 좋은데, 그것들이 동네와 너무 붙어 있다는 게 문제다. 단독주택들을 공원 한쪽 예쁘장한 조형물이나 소품처럼 배치한 느낌? 잠깐 놀러 온 사람들이 주(主)가 되고 눌러사는 사람이 부(附)가 됐다. 그야말로 딱 동물원 원숭이 꼴. 모르긴 해도 이곳 단독 거주민들, 마당에서 화초에 물이라도 주고 있으면 행인에게 이런 질문을 쉽게 받을 것이다.

"여기 평당 얼마예요? 공사비는요?"

이것도 하루 이틀이지, 밖에 나가기 무서울 정도라면? 이래서 단독주택 입지는 되도록 관광지에서 멀리 떨어지라고 권하는 것이다.

또 하나 걱정은 이 마을이 시화공업단지 안에 있다는 것이다. 시화공단은 경기도에서 손꼽는 전통의 화학, 염색공단. 그래서 한때 이 주변에 차 타고 다니다 코를 풀면 검은 콧물이 나온다고 할 정도로 대기질이 나빴다.

그런데 그 바로 턱밑에 주택지를? 지역 주민들조차 의아해한다. 아무리 공장이 현대화됐고 주변을 깔끔하게 정돈해놨다지만, 주택가 머리 위에 있다. 조금이라도 수상한 냄새가 나면 본능적으로 고개를 들어 공단 쪽을 바라볼 수밖에. 안타깝지만 공장이 단체로 이사 가지 않는 이상 피해 갈 수 없는 이 마을만의 숙명이다.

입지 분석 정왕동의 입지는?

• **교통:** 가장 큰 도로는 평택시흥고속도로다. 남안산IC까지는 차로 20분 거리(약 10km). 또 77번 도로, 공단2대로와 서해안로가 지역 전체를 감아 돌고 있어 인프라까지 접근성도 괜찮다. 또 향후 수도권제2순환고속도로가 마을 바로 앞을 통과할 예정. 벌써 IC 이름까지 지어 붙였는데 '서해나래IC'다.

하지만 이건 다 책상머리에서 지도로만 봤을 때 이야기. 실제 차 몰고 나가보면 금방 안다. 평택시흥고속도로? 평일엔 화물차, 주말엔 나들이객으로 인산인해다. 아예 나들목 하나를 건너뛰고 남안산

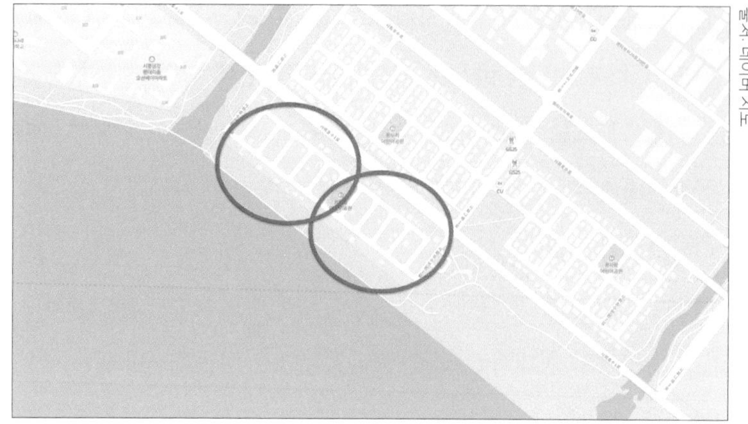

출처: 네이버 지도

내비게이션 검색어: 시화호 환경문화센터

이 아닌 서안산IC까지 내려가 영동선을 타는 주민들도 많은 상황.

게다가 수도권제2순환속도로? 완공되길 기다리다가는 목이 빠지겠다. '람사르 습지 문제'로 전체 노선 중 가장 진행도가 낮다. 그나마 다행은 습지 생태계와 관계없는 구간만 먼저 공사 중이라는 것(거북섬-송도 구간).

대중교통은 오직 버스만 있다. 마을 앞에서 타면 4호선 정왕역까지 환승 없이 약 40분 소요. 서울까지 출퇴근은 어렵고 직장이 근처라면 괜찮겠다.

• **교육:** 학교는 이제 막 생겼다. 수요가 없을 것 같다고? 은근히 좀 있다. 주변에 워낙 빌라도 많고 아파트, 오피스텔도 차차 완공되고 있으니까. 거북섬 바로 옆, 시화나래유치원, 시화나래초등학교, 시화나래중학교. 2023년 2월 개교했다.

• **의료, 문화:** 생활 인프라는 큰길 건너 빌라 쪽을 이용해야 한다. 편의점, 마트, 약국 등이 들어와 있다.

대형 인프라는 모두 마을 위쪽 정왕역 부근에 몰려 있는데, 롯데마트 시화점(4.2km), 종합병원인 시화병원(5.8km) 등이 있다.

정왕동의 장단점

장점: 뛰어난 미래 가치, 깔끔한 서해 조망

단점: 습도, 관광객, 모기 등 전형적인 바닷가 마을의 문제, 나쁜 대기질

경기도 시흥시 능곡동: 강남? 굳이 뭐 하러?

위치: 경기도 시흥시 능곡동

대지 추정가: 800만~850만 원(평당, 2023년 기준)

입지 패턴: 나라마을

기반 시설: 도시가스 ○, 전기지중화 ○

도로교통: ★★★☆☆

대중교통: ★★★☆☆

교육: ★★★☆☆

생활 인프라: ★★★☆☆

대형 인프라: ★★★☆☆

추천: 정돈된 단지, 아늑한 분위기를 원하는 사람

시흥시 능골마을. 능이 자리하려다 말았다고 해서 능골이다. 그만큼 예부터 좋은 입지로 명성이 자자하다. 광해군의 장인 류자신이 모셔져 있어 풍수로도 유명한데, 매년 풍수 공부를 위해 이곳을 찾는 이들도 많다고.

경치 또한 예술이다. 봄, 가을엔 그냥 집 앞 아무 데나 앉으면 거기가 사생대회 장소다. 영모재공원 주변 산책로도 훌륭해 인근 아파트 주민들이 수시로 찾는다. 그런데도 동네 자체가 조용한 게 참 신기하다. 산과 들에서 조상님 기운이 흘러나와 마을을 다독여줘서 그런가? 이 차분한 기운, 실제 답사로 꼭 느껴보길. 연예인 많이 사는 구리 아치울마을과도 비슷한 느낌이다.

이 근방에는 총 두 군데 답사 포인트가 있다. 모두 LH가 2012년 분양한 나라마을인데 다 정남향, 남서향이다. 평균 64~76평, 그리 크지는 않다.

첫 번째 답사 포인트인 윗마을은 다가구가 많이 점령해버렸다. 그래서 영모재공원이 중심을 잡고 있는 두 번째 답사 포인트, 아랫마을이 메인이다. 뒷산도 아늑하고 도로도 둥글둥글 막힘없고. 딱 한 번의 답사만으로도 감탄사가 나올 만큼 꽤 마음에 들었는데, 아쉽게도 빈 필지는 거의 없다. 좋은 땅은 누가 봐도 좋은 법. 이래서 답사를 많이 다녀야 한다. 선수를 뺏기지 않기 위함도 있지만, 어떤 유형의 자리가 자신에게 잘 맞는지 미리 마음속으로 정리해둘 필요도 있으니까.

아쉬운 점도 있다. 마을 깊숙한 곳까지 이어지는 불법 주차. 입구 쪽에 공용주차장이 큼직하게 있지만 보통 만차다. 그 바로 옆이 파출소인데, 어디나 그렇듯 마을 안쪽은 단속 대상이 아니다. 게다가 마을 끝과 대로변 사이 위치한 상업시설이 모두 대형이다. 그중 한가운데 어린이집과 교회가 있는 탓에 평일과 주말 모두 사람과 차로 꽤 붐빌 듯. 그 근처 집들은 불만일 것이다. 하지만 어쩌랴, 이미 다 들어섰으니 그냥 참고 사는 수밖에.

입지 분석 **능곡동의 위치는?**

• **교통:** 마을 바로 앞을 시흥대로가 관통한다. 거기에 위로 제3경

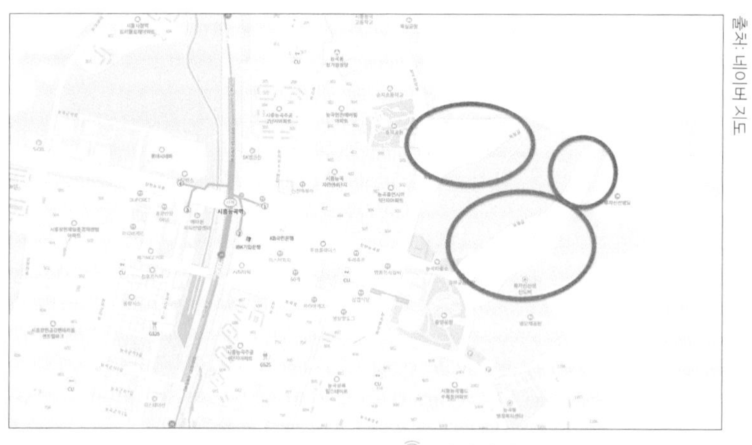

출처: 네이버 지도

🚘 **내비게이션 검색어: 영모재공원**

인고속도로, 아래로 영동고속도로가 같은 거리에 위치하는, 그야말로 교통의 요지다. 그도 그럴 것이 조금만 올라가면 바로 시흥시청 신청사 부지다.

대중교통은 더 좋다. 시흥대로 쪽에 경의중앙선 능곡역이 들어와 있고, 2024년 신안산선, 2025년 월곶판교선까지 들어온다. 마을에서 역까지 걸어가도 최장 14분(1km 이내). 바로 그래서다. 이곳 장현지구의 열기가 뚝배기처럼 여전히 식지 않고 있는 이유는.

• **교육:** 두말할 게 없다. 초·중·고가 반경 1km 이내 네 개. 아이가 있는 집은 학교 문제로 따로 이사 갈 필요가 없겠다.

• **의료, 문화:** 생활 인프라는 능곡역 상업지역에 다 모여 있다. 병의원, 중형 마트, 아웃렛까지 들어와 있다. 하지만 이상하다. 이 정도면 당연히 대형 마트, 종합병원도 있어야 하거늘 아직 보이지 않는다. 할 수 없이 안산 쪽 인프라를 이용해야 하는데 롯데마트 선부점(4km), 온누리병원(7.4km) 등이 있다.

능곡동의 장단점

장점: 역세권, 보기 드문 아늑함

단점: 매물 부족, 복잡한 주차

인천광역시 서구 청라동: 거미줄 같은 호재들

위치: 인천광역시 서구 청라동

대지 추정가: 620만~800만 원(평당, 2023년 기준)

입지 패턴: 나라마을

기반 시설: 도시가스 ○, 전기지중화 ○

도로교통: ★★★☆☆

대중교통: ★★★☆☆

교육: ★★★☆☆

생활 인프라: ★★☆☆☆

대형 인프라: ★★★★☆

추천: 모든 면에서 평균 이상의 우수한 주거 환경을 원하는 사람

호재가 거미줄처럼 엮인 동네다. 자연스럽게 집값, 땅값은 고공행진. 그러나 우리 관심사는 아파트가 아닌 단독·전원주택. 아쉽지만 결코 투자용이 될 수 없다. 환금성이 매우 떨어지기 때문이다.

물론 땅은 거짓말하지 않는다. 즉, 사두면 언젠가는 오른다는 것쯤은 누구나 아는 상식. 아무리 그렇다고 해도 바로 옆 아파트와는 상승률부터 차이가 현저하다. 이를 보고 배 아파서 쩔쩔매기보다는 아예 가치를 다른 쪽에 두는 편이 낫지 않을까. 이 답사기가 유용한 이유도 바로 실거주에 있으니까.

마을은 전체적으로 용모 단정, 고급 갤러리를 보는 듯하다. 완벽하게 계획된 신도시, 큼직한 호수공원, 정돈된 도로… 우리가 단독마을에 원하는 모든 것을 담았다. 외국의 어느 부자 동네를 연상시킬 만큼 반듯한 첫인상. 실제로 드라마에도 꽤 많이 출연한 전력이 있다.

분위기 또한 예술이다. 상당히 조용하고 아늑해서 어딜 걸어도 사색이 가능하다. 게다가 도로는 완벽한 평지에 넓이마저 시원하게 뻗어 있다. 확실히 매립지를 이용해서인지 도로 씀씀이에 아낌이 없다. 양쪽에 아무리 차를 대도 기본 넓이가 있어 통행은 만사형통. 차로든 걸어서든 눈살 찌푸릴 일 전혀 없다.

이 마을은 도로 구획이 참 독특하다. 하늘에서 보면 큰 도로를 중심으로 작은 도로들이 나비 날개 또는 숫자 8자처럼 대칭되게 구부려놨다. 실제로 보면 어떤 의도인지 단박에 알 수 있다. 바로 여유 주차 공간. 세대별로 한 대씩 더 주차 가능하다. 비슷한 방식을 용인시 광교 숲속마을에서도 볼 수 있으니 참고할 것.

주변을 더 살펴보자. 대체로 집들이 들어찼으나 여전히 빈 땅도 많고 공사도 꽤 활발하다. 또 마을 외곽을 빙 둘러 대단지 아파트가 진을 치고 있는 모습. 다행히 아파트와의 거리가 가깝지 않아 사생활 침해 문제는 없어 보이지만 답답함은 피할 수 없다. 게다가 고급 단독주택도 많지만 한 필지에 두 집을 올린 땅콩주택도 상당수. 토지가가 비싼 지역의 흔한 풍경이다. 위례, 판교 등도 마찬가지다.

한 가지 아쉬운 점은 큰길 옆 동네 초입의 상가들이 주거 용지와 별 구분 없이 맞붙어 있다는 점. 상가와 마주한 곳은 방문 차량이 집 앞까지 넘어오니 불편하지 않을 수가 없다(김포시 장기동 참고).

하지만 이것보다 더 큰 문제가 있으니, 바로 대기질. 지도로 주변을 살펴보면 인천 매립지, 주물단지, 제철단지, 인천석유화학 등 원인 제공 요소가 곳곳에 널렸다. 실제로 과거에는 냄새까지 심했단다. 지금은 어떨까? 거주민 의견을 들어보니 반반 갈린다. 그렇다면 최소한 '냄새가 없는 것은 아니다'가 진실이 아닐지. 이곳으로 이주를 희망한다면 꼭 야간 답사로 대기질과 냄새를 직접 확인하자.

입지 분석 **청라동의 입지는?**

- **교통:** 일단 수도권제2순환고속도로가 마을 바로 옆에 딱 붙어 있

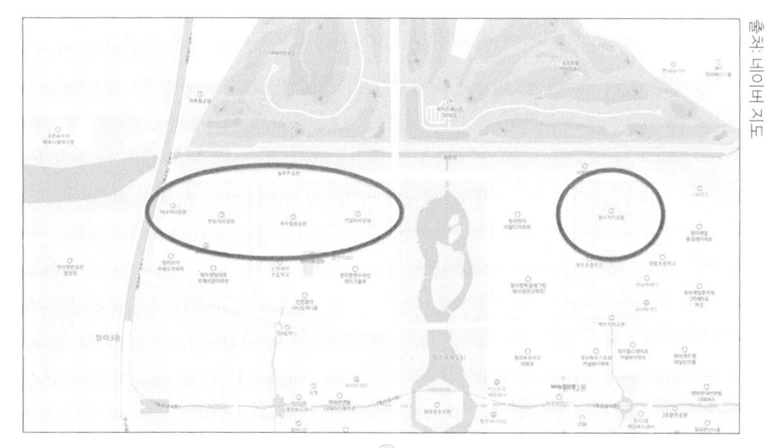

출처: 네이버 지도

🚗 **내비게이션 검색어: 인천경연초중고**

는데 2025년이면 파주까지도 연결된다. 위로는 인천국제공항고속도로가 인천공항과 서울을 오간다. 또 경인고속도로까지 근처라 서울 신월동과도 가깝다. 게다가 '막히긴 하지만' 수도권제1순환고속도로 계양IC도 지근거리다.

지하철은 공항철도 청라국제도시역이 3km. 걸어서는 무리고, 자전거로는 괜찮아 보인다. 이걸 타면 서울 출퇴근도 충분하다. 또 인천 2호선 가정역이 6.7km. 여기는 버스 타고 30분 정도 걸린다.

문제는 버스. 대기시간이 평균 15분 이상이라 주민들 사이에서도 악명이 높다. 최근 노선을 다양하게 확충해 점점 나아질 것이라고 하니 기대해보자.

• **교육:** 학교는 경연초등학교, 경연중학교가 마을 바로 코앞이고, 고등학교도 갈 데 많다. 더구나 도서관도 두 개씩이나!

특이한 것은 이 일대를 모텔, 주점 등 1종 유흥시설이 아예 들어올 수 없도록 시 조례로 막았다는 것. 칭찬한다. 학군이야 어떻든 아이 키우기 딱 좋은 환경을 만들었으니까. 그러나 안타깝게도 각 학교는 인원수 과포화 상태. 이건 신도시 공통점이니 충분히 감안하자.

• **의료, 문화:** 생활 인프라, 마을과 아파트 사이에 몇몇 상가들이 보인다. 숫자가 너무 적다고? 걱정 마라. 대형 인프라가 워낙 다양해 커버하고도 남는다. 홈플러스 인천청라점, 롯데마트 청라점이 3km. 가톨릭관동대학교 국제성모병원이 15분 거리(6km).

게다가 추가로 들어오는 것 중 큰 것들만 나열해보면, 7호선 연장, 제3연륙교, 스타필드청라, 서울아산병원청라, 코스트코청라, 인천로봇랜드, 청라시티타워, 국제업무단지… 입이 다 아플 지경이다. 이러니 거미줄 같은 호재라고 이야기할 만하지 않을까?

마지막으로 가볼 만한 곳. 여기는 그냥 걸어서 주변만 돌아도 충분하다. 호수공원, 체육공원, 골프장, 공촌천 등. 아, 위로 조금 더 올라가면 드림파크(6km), 유원지도 함께 있다.

청라동의 장단점

장점: 완벽한 인프라, 사방에 공원, 정돈된 내부

단점: 떨어질 줄 모르는 가격

인천광역시 중구 운서동: 이건 사기잖아요

위치: 인천시 중구 운서동

대지 추정가: 490만~530만 원(평당, 2023년 기준)

입지 패턴: 나라마을

기반 시설: 도시가스 ○, 전기지중화 ○

도로교통: ★★★☆☆

대중교통: ★★★☆☆

교육: ★★★★☆

생활 인프라: ★★★☆☆

대형 인프라: ★★☆☆☆

추천: 레저와 교육을 한 번에 해결하고 싶은 사람, 해외 출장이 잦은 사람

'사기캐', 모든 것을 다 갖춰 사기 같은 캐릭터를 두고 하는 말이다. 딱 여기 운서동이 그렇다. 그래도 기어는 중립에 넣어야겠지? '영종도는 섬이다', '모든 교통은 민간이 다 했다.' 이 두 문장만 머릿속에 넣고 둘러보자. 마냥 좋아 보이다가도 냉수를 맞은 것 같은 차가운 시선이 자동 장착될 것이다.

하늘에서 보면 이 섬, 정확히 절반으로 나뉘어 있다. 반은 공항, 반은 신도시다. '섬=레저=전원주택'이니, 캐릭터 하나는 잘 잡았다. 바다, 여행 좋아하면 다른 데 더 볼 것도 없을 듯.

마을 규모도 상당하다. 운서역 쪽만 해도 신도시 전체 가구 중 아파트 반, 단독주택 반이다. 이런 곳은 아직 운서동밖에 보지 못했다. 보통 단독 비중이 아파트 5분의 1 수준이면 잘 쳐준 셈이거나 그마저도 아예 없는 곳이 흔하니까.

마을에 도착하니 여기저기서 공사장 소리가 활발하게 들린다. 동네의 인기를 가늠할 수 있는 척도는 바로 이런 활력이니 답사 시 꼭 오감을 동원해 챙길 것.

도로 폭도 상당히 넓다. 가운데 중앙선을 긋고 한쪽에 인도까지 둬도 남을 정도다. 게다가 원형 회전 도로가 마을 안 곳곳에 배치돼 차를 돌리기도 무척 편하다. 일부 마을 안쪽에는 대형 주차장까지. 인천 신도시는 이래서 좋다. 이와 비슷한 도로 모양이 인근 청라동에도 있으니 함께 살펴보자.

가장 신기한 것. 대한민국 최대 비행장인 인천공항이 바로 옆인데도 비행기 소음이 거의 없다! 주민들 말로는 가끔 기압이 낮은 날, 경로 변경할 때나 저 멀리에서 들리는 정도라고. 실제로 비행기 이착륙 경로를 보면 알 수 있다. 마을과는 90도 각도로 벌어져 있어 웬만해선 겹칠 일이 없다. 정 의심스러우면 직접 가서 귀를 열고 들어보라!

입지 분석 운서동의 입지는?

• **교통:** 육지든 섬이든 서울 접근성은 '고속도로 개수'로 결정된다. 그런데 여기에는 무려 세 개나 있다(2025년 개통 예정인 제3연륙교 포함). 또 확실히 공항 가는 길이라 도로가 다들 엄청 넓다. 휴게소에서 이어지는 영종대교 하부도로 역시 매우 상쾌.

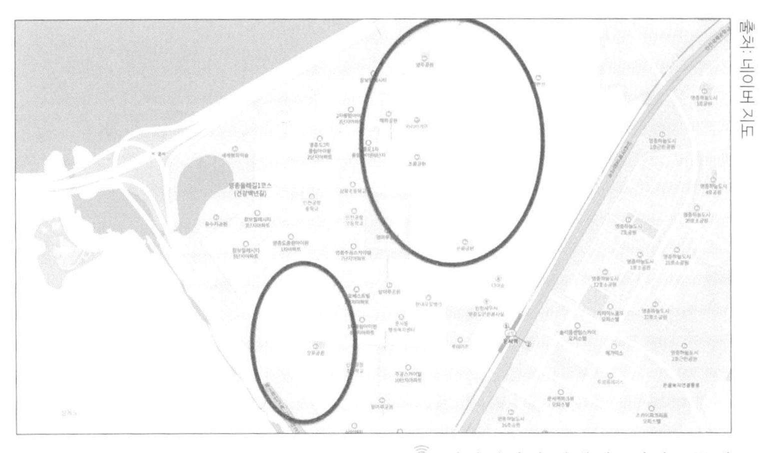

출처: 네이버 지도

내비게이션 검색어: 영마루공원

하지만 이 도로들은 모두 민간 유료 도로라는 게 함정. 아뿔싸, 여기 살면 통과할 때마다 무조건 돈을 내야 한다! 물론 '지역주민 통행료 감면 카드'라는 게 있기는 하다. 대교에 따라 할인율이 다르지만 최대 100% 할인도 가능하고. 처음에는 이런 할인조차 없었다. 모두 오랜 시간 지역 주민이 합심하고 노력해서 이뤄낸 성과다. 다행인 것은 해가 갈수록 점점 유료화 비중이 줄고 있다는 것. (이 글을 쓰는 중 새로운 소식, 2023년 10월부터 영종도 주민들은 영종대교 서울 방향과 인천대교 통행료가 모두 면제된다. 통행료 인하 운동을 벌인 지 20년 만의 쾌거다!)

대중교통은 어떨까? 버스는 주로 운서역과 영종역을 오간다. 서울행은 고작 한 대, 그게 또 하필 영종1동에만 있어 운서역 인근은 다니기 영 불편하다. 그나마 지하철은 좀 낫다. 운서역에서 서울역까지 한 번에 가니까. 그렇지만 요금이 세다. 기본 가격을 낮춰라, 환승 할인구역을 늘려라, 말들도 많다. 몇 년 뒤엔 지하철 차량을 GTX급으로 교체한다고 하니, 그때 되면 좀 나아지려나?

• **교육:** 이 동네 학교 괜찮다. 삼목초등학교는 과학·수학 특성화 초등학교, 인천공항초등학교는 영어 특성화 초등학교다. 조금만 가면 섬 안에 인천과학고등학교도 있고. 인천공항공사에서 지원을 해줘 시설을 비롯해 교육 환경이 무척 훌륭한 편이다.

• **의료, 문화:** 생활 인프라는 아파트 단지, 학교가 많아 조금만 둘러보면 다 있다. 나머지는 운서역세권 쪽에 집중. 기본적인 병의원부

터 각종 프랜차이즈, 영화관, 롯데마트 영종도점까지. 동네에서 아무리 멀리 잡아도 1km 안쪽이다.

문제는 종합병원. 이게 섬 안에 없다. 무조건 육지로 나가야 한다. 가장 가까운 병원이 인하대병원으로 차로 20분 거리(25km). 인구 밀집도에 비해 무척 아쉬운 대목이다.

가볼 만한 곳, 당연히 많다. 요트를 즐길 수 있는 왕산마리나, 을왕리해수욕장(모두 15km), 가까이에는 원더클럽 클럽72CC(7km) 등등. 게다가 세계평화의숲이니 뭐니 주변이 온통 공원 천지라 굳이 육지까지 나갈 필요가 없다.

운서동의 장단점

장점: 직주 근접, 여행과 레저에 최적화

단점: 불안한 교통비, 먼 대중교통

경기도 김포시 장기동: 문제는 출퇴근

위치: 경기도 김포시 장기동

대지 추정가: 750만~780만 원(평당, 2023년 기준)

입지 패턴: 나라마을

기반 시설: 도시가스 ○, 전기지중화 ○

도로교통: ★★★☆☆

대중교통: ★★★☆☆

교육: ★★★☆☆

생활 인프라: ★★★☆☆

대형 인프라: ★★☆☆☆

추천: 안정적인 주거 환경을 추구하고 출퇴근에서 자유로운 사람

잘생긴 계란 프라이 같은 마을. 여기만 쏙 빼고 주변이 전부 아파트다. 전형적인 나라마을로 강 건너 파주시 두일마을과 비교해보면 재밌을 듯.

생활 인프라와 대형 인프라의 간격이 멀지 않다. 지하철역까지 걸어서 갈 수 있는 역세권 단독마을. 게다가 장기동 행정복지센터 인근이니 없는 것을 찾는 게 더 빠를 지경이다.

다만 아쉬운 점이 몇 가지 있다. 먼저 상업지역이 바로 옆에 딱 붙어 있는 것. 상가 방문 차량이 소리 소문도 없이 마을로 흘러들어 온다. 그래서 평일에도 동네 구석까지 차가 넘친다. 주말엔 더 심할 테고. 마을 차원에서 펜스나 차단봉 같은 대책이 필요해 보인다.

또한 비행기 소음이 좀 있다. 하지만 주민의 체감 강도가 영 다르다. 호매실, 위례 주민의 반응과 비슷하다. 분명 마을 안에서 직접 찍은 비행기 영상을 올렸는데 "비행기는 못 봤고 소리도 안 들림"이라는 댓글이 달리니 기가 찰 노릇이다. 이유가 아예 없는 것은 아니다. '공항소음포털'에서 제공하는 소음 지도에 이 마을만 쏙 빠졌기 때문. 나라에서 이 동네는 소음이 없다고 못 박은 셈이다.

하지만 같은 사이트에서 실시간 비행 정보를 찾아보면? 항로가 정확히 장기동을 관통한다. 결국 비행기 소음이 전혀 없다는 이야기는 그저 주민들 희망 사항이었을 뿐.

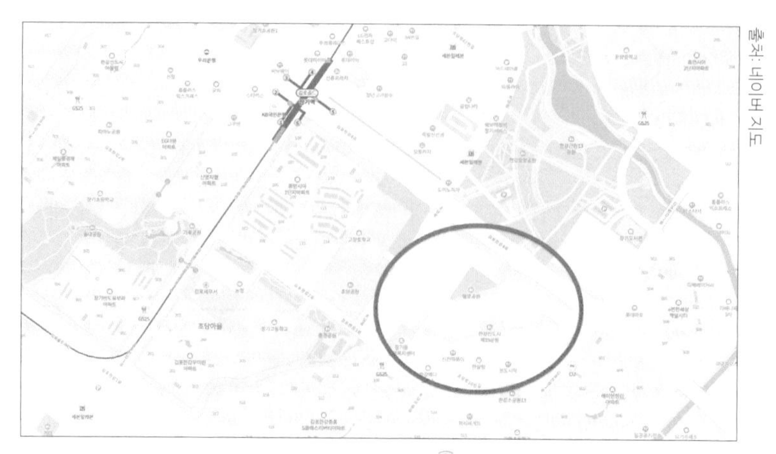

출처: 네이버 지도

내비게이션 검색어: 첼로공원

입지 분석 장기동의 입지는?

• **교통:** 김포시 최초 단독택지는 운양동. 하지만 이 책에서 장기동을 고른 이유, 전적으로 교통에 있다. 서울과 조금 더 가깝기 때문이다.

먼저 도로부터 살펴보자. 가까운 장기IC는 차로 5분 거리(2km), 더 위에 있는 김포한강IC는 10분 거리(4km). 따라서 강남역까지 1시간 10분이면 도착…?

농담도 과하다. 이건 어디까지나 지도상의 거리. 강남까지 자차로 출퇴근, 평일 기본 1시간 30분은 우습다. 김포 시민에게 이 정도는 이미 상식 같은 이야기.

그럼 대중교통은 어떨까? 골드라인 장기역이 도보 6분 거리(350m). 버스 역시 서울시청, 강남역 등을 가는 광역 버스가 다양하게 있기는 하지만 불편한 것은 마찬가지다. 출근길 두 칸짜리 승강장, 2량 객차에 몸을 실어본 사람은 잘 안다. 대형 압사 사고가 딴 동네 이야기가 아니라는 걸. 버스? 교통체증이야 감안한다 쳐도, 배차 간격마저 길어 시작부터 지치니 말 다 했고.

이런 총체적 문제의 해결사로 많은 사람이 GTX-D를 꼽는다. 노선 시작점이 바로 여기 장기역. 하지만 출발부터 논쟁거리다. 뉴스에서 김부선(김포-부천선)이니, 김용선(김포-용산선)이니 하며 시위하는 모습을 한 번쯤 봤을 것이다. 도착역을 두고 말들이 많은 것이다. 하지만 실제 주민들 생각은 다르다. '목적지 따위 어디든 일단 생기기나 해라. 이대로는 출퇴근하다 사람 죽겠다'가 중론. 지금 필요한 것은 분명히 행정력의 정확성이 아니라 신속함이다.

• **교육:** 아이 키우기에 장기동은 나쁘지 않은 선택이다. 가현초등학교, 고창중학교, 장기고등학교, 모두 도보 5분 거리다. 하지만 신도시 학급 과밀 문제를 여기서도 피하기는 힘들다. 심한 경우 초등학교 한 반에 30명이 넘고, 중학교는 집 앞에 있는 학교를 놔두고저 멀리 돌아가야 하는 경우마저 있다. 아이가 있다면 이 부분을 반드시 확인할 것.

또 김포시는 비평준화에 교육열마저 높은 지역이다. 그래서 유독 입시학원이 주변에 많이 보인다. 단독주택에 사는 가정은 보통 한적한 곳에서 인성 위주의 자녀 교육을 꿈꾸는 경우가 많지만, 여기서는 좀 어려울 듯.

• **의료, 문화:** 생활에 필요한 인프라뿐만 아니라 대형 인프라까지 마을 앞에 딱 붙었다. 롯데마트 김포한강점은 충분히 걸어서 갈 수 있고, 종합병원인 뉴고려병원이 1.8km, 김포우리병원은 5.5km. 접근성 면에서는 가히 톱이라 할 만하다.

그 밖에 가볼 만한 곳으로는 한강중앙공원이 500m. 여기서 이어지는 대수로를 따라 라베니체라는 유명 수변 상업지구도 생겼다. 또 보기 좋은 외관의 장기도서관도 500m.

장기동의 장단점

장점: 걸어서도 충분한 각종 인프라, GTX 호재

단점: 지나치게 밀착된 상업시설, 출퇴근길 극심한 정체, 비행기 소음

수도권 북쪽

수도권 북쪽의 살펴볼 만한 단독·전원마을

이 장에서는 경기도 고양시, 파주시, 양주시, 의정부시, 동두천시, 연천군에 있는 마을을 다룬다. 구체적으로 다음과 같다.

- 경기도 고양시 일산동구 정발산동, 마두동
- 경기도 고양시 일산동구 설문동, 성석동
- 경기도 파주시 야당동
- 경기도 파주시 동패동
- 경기도 양주시 옥정동
- 경기도 의정부시 민락동
- 경기도 동두천시 지행동
- 경기도 연천군 청산면 궁평리

경기도 고양시 일산동구 정발산동, 마두동: CF 속 거기!

위치: 경기도 고양시 일산동구 정발산동, 마두동

대지 추정가: 2,000만~2,100만 원(평당, 2023년 기준)

입지 패턴: 나라마을

기반 시설: 도시가스 ○, 전기지중화 ○

도로교통: ★★★★☆

대중교통: ★★★★☆

교육: ★★★☆☆

생활 인프라: ★★★★☆

대형 인프라: ★★★★☆

추천: 종합병원 가까운 품위 있는 단독마을을 원하는 사람

이곳은 전원주택의 성지다. 오랜 시간 텔레비전과 CF에 단골 출연하면서, 많은 사람의 머릿속에 '전원주택=상류사회'를 각인시켰기 때문이다. 동네가 무척 크니 한 바퀴 돌면서 살펴보자.

정발산을 가운데 두고 위아래로 서로 다른 동, 두 개의 큰 단지가 형성돼 있다. 마을 분위기는 살짝 다르지만 보는 맛은 똑같이 넘사벽. 차창 밖으로 스쳐 지나가는 풍경이 건축 회사 포트폴리오를 넘겨 보는 듯하다.

먼저 정발산동. 시작부터 도로 폭이 광활하다. 이 도로는 정발산과 바로 맞댄 햇살로인데, 가장 넓은 폭이 약 15m. 이 정도면 마을과 거리는 충분하다. 등산객 소음은 여기서 1차로 걸러지겠다. 반면 마을 내부 도로는 이렇게 넉넉하지 않다. 좁은 곳은 약 5m, 차 한 대 지나가기도 벅차다.

그나저나 이곳은 단지가 무척 커서 가도 가도 집들이 꼬리에 꼬리를 문다. 대체 언제 끝나나 싶을 정도. 계속 달리다 보면 양지마을 저층 아파트에서 끝난다. 딱 여기까지가 단독마을 경계다. 이렇게 넓으니 거대한 영화 세트장에 들어와 있는 것 아닌가 싶은 착각마저 든다. 또 주위를 둘러봐도 온통 텔레비전에서 흔히 봐온 전형적인 전원주택뿐. 한쪽에서 부잣집 훈남 훈녀가 대형견을 데리고 함께 웃으며 걸어 나오면 확성기로 "오케이, 컷!"이 울려 퍼질 것 같은 인상.

하지만 길 따라 주차된 차들이 시야를 어지럽힌다. 이 마을에 집들이 1997년도부터 들어섰는데, 자차가 귀했던 당시에 주차는 그리 큰 문제가 아니었던 걸까? 지금은 핸들을 바쁘게 움직여야 골목을 가까스로 통과할 수 있는 지경이다. 앞서 말한 좁은 도로 폭도 문제지만 각 세대 필지에 주차장이 거의 없고, 모두가 담장 바깥 마을 내부 도로 한쪽에 그대로 차를 꺼내놓는다는 것도 문제다. 이곳 주민들 말에 따르면 '낮에는 약과, 밤 되면 더 심해져 욕 나오는 수준'이라고.

그럼에도 현재 빈 땅은 거의 없다. 정발산동, 마두동 할 것 없이 거래는 꽤 활발한 편. 이러니저러니 해도 일산을 통틀어 이만큼 확실한 단독마을 입지가 또 없으니까. 확실히 이런 곳은 '거주자 프리미엄'이라는 게 있다. 그 안에 주소지를 두고 사는 것만으로 유대감, 계층 차별화가 자동으로 이뤄진다. 집이 아무리 낡고 길가는 차들로 꽉 메워졌어도 너도나도 들어가고자 하는 이유가 바로 이 때문.

이제 마두동으로 넘어가보자. 여기는 미국 베벌리힐스를 그대로 따왔다. 넓은 평형, 세련된 지붕… 그중에서도 가장 독특한 것은 역시 주차장. 시에서 빈 필지를 이용해 만들었다. 도시를 설계할 때부터 계획된 주차장 용지로, 오래된 좁은 도로의 만성 불법 주차 문제를 해결하는 고마운 공간이다. 하늘에서 보면 생선 가시 모양으로 약 두 집 건너 하나씩 형성돼 있다. 이를 윗동네 정발산동에도 똑같이 만들었다면 얼마나 좋았을까? 현재로선 아쉽게도 오직 마두동에만 존재한다.

좀 더 위에서 바라보자. 정발산만 남겨두고 주변은 온통 아파트와 단독주택가다. 자연스럽게 산 자체가 인근 주민의 가장 큰 공원이자 놀이터가 됐다. 그래서 인접한 단독마을 주변에 유독 하이킹족들이 많이 보인다. 큰길로 나가 바로 정발산으로 올라가도 되는데 굳이 마을을 통과해서 올라가는 이유? 워낙 집들이 예뻐서 보는 재미에 시간 가는 줄 모르니까!

일단 마을 안에 지저분한 빈 땅이나 다가구, 다세대가 하나도 없다. 게다가 완벽한 평지! 걷고 있으면 동화 속에 들어간 기분이랄까. 성북동, 평창동이 진지한 소설책이라면 여기는 그보다 더 편안한 수필집 같다. 그렇다고 판교처럼 SNS에 나오는 영한 느낌까지는 아니고. 이러니 산책할 맛이 저절로 날 수밖에!

하지만 안에 사는 사람 입장은 이야기가 180도 다르다. 워낙 들락거리는 사람들이 많아 가끔 감시받는 기분마저 든단다. 더군다나 정발산과 맞붙은 집은 공원 쪽에서 자칫 내부가 훤하게 보일 수도 있다고. 가뜩이나 집 사이 간격이 촘촘해 민망한데 말이다.

입지 분석 정발산동, 마두동의 입지

• **교통:** 입지는 거의 교과서다. 바로 앞에 77번 국도 자유로가 있는데, 정발산 중앙에서 장항IC까지 10분 거리(5km). 또 거기서 한 번에 수도권제1순환고속도로 자유로IC까지 진입할 수도 있다. 약 12분 거리(9km).

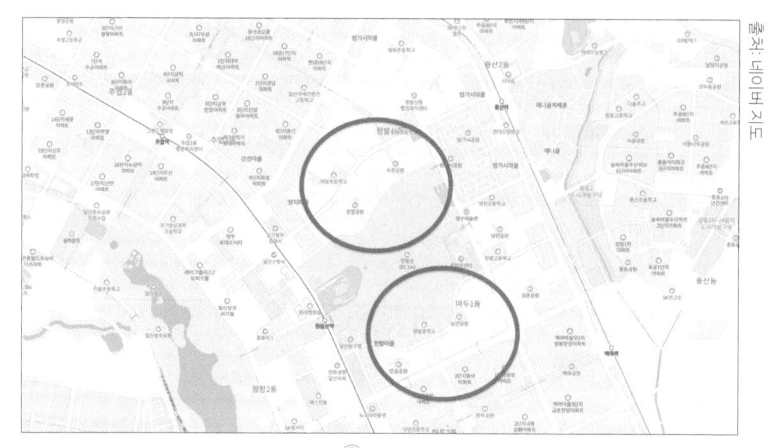

출처: 네이버 지도

내비게이션 검색어: 수정공원, 안골공원

대중교통도 무척 편리하다. 경의선 풍산역(1.6km)과 3호선 정발산역(900m)에 마을이 끼어 있다. 말 그대로 더블 역세권. 그 사이를 오가는 수많은 버스야 말할 필요도 없고.

• **교육:** 학교는 저동초등학교, 저동중학교, 저동고등학교, 정발중학교, 정발고등학교 등 다양하게 존재하지만, 웬일인지 명문 학군이라고 부르지는 않는다. 아이 교육에 욕심이 있으면 식사동 고양국제고등학교 주변이 더 낫다는 의견도 들린다.

• **의료, 문화:** 대형 인프라? 없는 게 없다. 더블 역세권에 일산동구청까지 코앞이니까. 홈플러스 일산점(2.5km), 이마트 일산점(1.7km), 킴스클럽 뉴코아아웃렛 일산점(2km).

더 놀라운 것은 종합병원. 대문만 열면 바로 대형 병원이 눈에 들어온다. 일산백병원, 동국대학교일산병원, 국립암센터, 국민건강보험 일산병원, CHA의과학대학교 일산차병원 등 여기 살면 어디 아파도 갈 데 많아 좋다. 수도권 어디에도 병원 인프라는 일산만큼 잘된 곳이 없다. 비록 사이렌 소리가 수시로 마을 안까지 울려 퍼지고는 하지만.

가볼 만한 곳으로 일산호수공원과 라페스타가 있다. 또 마을 내부의 김대중대통령 사저, 일산 밤가시 초가 등이 있는데, 모두 충분히 걸어서 갈 수 있는 거리다.

정발산동, 마두동의 장단점

장점: 훌륭한 인프라(특히 대형 병원), 아름다운 단지

단점: 주차 문제, 호재가 없음, 오래된 이미지, 높은 가격

경기도 고양시 일산동구 설문동, 성석동: 악마의 속삭임

위치: 경기도 일산시 동구 설문동, 성석동

대지 추정가: 330만~380만 원(평당, 2023년 기준)

입지 패턴: 민간마을

기반 시설: 도시가스 ×, 전기지중화 ○, × 혼재

도로교통: ★★★☆☆

대중교통: ★☆☆☆☆

교육: ★☆☆☆☆

생활 인프라: ★★☆☆☆

대형 인프라: ★★☆☆☆

추천: 오직 집콕만을 원하는 사람

아마 봤을지 모른다. 서울문산고속도로를 달리다 보면 옆에 딱 붙은 마을들. 대체 어떤 동네일까? 궁금해서 들어가봤더니….

그야말로 외딴섬이었다. 주변에는 온통 공장과 창고뿐이고 한가운데 몇몇 작은 마을이 덩그러니 있으니 말이다. 순서를 따지면 공장, 창고가 먼저고 타운하우스가 나중이니, 일찍 터 잡고 일 잘 하던 공장과 창고는 전혀 잘못이 없다. 굳이 그 자리에 일터 말고 집을 지어 팔겠다는 창의적 발상이 문제지!

그러니까 더더욱 이 마을에 꼭 한번 와봤으면 좋겠다. 주변의 악조건 속에서도 어떻게 이 집들이 모두 완판됐는지, 인간의 심리를 곰곰이 생각해볼 기회니까 말이다. 과연 이곳 주민들은 만족할까? 화려한 집 내부에 혹해 저지른 섣부른 판단, 앉아서 후회만 하자니 차라리 합리화하는 것이 정신 건강에 이로울지도….

업자들은 무슨 생각이었을까. '요즘 사람들 모두 집콕이야. 단독주택은 내부만 그럴싸하면 무조건 팔려'였을까? 옆에서 이 이야기를 듣고 누군가 "에이, 설마 아무리 그래도 이런 곳에?"라고 반문했을지도 모른다. 그런데 실제로 짓자마자 깔끔하게 다 팔아치웠다면? 그렇게 거둔 몇 번의 성공이 여기 설문동, 성석동, 공장, 창고의 바다에 외딴섬처럼 타운하우스들을 쌓게 만든 일등 공신은 아닐지. 이런 걸 무서운 실행력이라고 봐야 하나, 아니면 예술혼이 담긴 창의력이라고 봐야 하나. 어느 쪽이든 이해하기 어려운 것은 매한가지다.

출처: 네이버 지도

내비게이션 검색어: 글로벌리더스기독학교

입지 분석 설문동, 성석동의 입지는?

• **교통:** 홍보물 가득 도배된 '사통팔달 입지', 그 핵심은 설문IC(1km). 실제로 마을을 빠져나오기 무섭게 바로 나들목이 있다. 이거 하나로 서울 접근성은 종결.

그런데 나들목이 가까워도 너무 가깝다. 병목현상은 물론 공장, 창고로 수도 없이 들락거리는 대형 차량 소음, 탁한 공기 등 단순하게 생각해봐도 머리가 아플 지경이다. 이게 다 교통만 좋으면 단독·전원주택은 무조건 먹힌다는 전형적인 탁상공론의 결과다. 살아보지 않은 자들이 마을을 만들면 이렇다. 참고로 사통팔달이라는 말은 주택이 아니라 물류 센터 지라시에나 붙여야 할 용어다.

대중교통은 서울행 버스가 총 두 대 있다. 신촌, 여의도에서 회차하는데, 모두 마을 아래가 종점이다. 하지만 역시나, 거기까지 가려면 공장, 창고를 헤집고 한참을 내려가야만 한다. 해 떨어지면 누아르 영화 촬영지가 따로 없는데, 여기서 거기를 뚜벅뚜벅 걸어서? 건장한 남성도 취하지 않은 이상 쉽지 않다. 아, 물론 설문고개 쪽 고봉로를 통해 버스에 탈 수도 있다. 그쪽이 분위기는 낫지만 마을과는 더 멀어진다는 게 흠.

• **교육:** 학교는 주변에 없다. 무조건 차 타고 내려와야 나온다. 성석초등학교(2.7km), 중산중학교(5.7km), 중산고등학교(4.5km).

• **의료, 문화:** 대형 인프라는 오히려 좋다. 운정신도시와 일산, 양쪽 상권 중 골라잡아 갈 수 있으니까. 이마트 운정점(7km), 운정와이즈병원(4.3km), 동국대학교일산병원(7.6km).

설문동, 성석동의 장단점

장점: 고속도로 진출입, 인프라 양호

단점: 공장 창고 지역, 열악한 대중교통

경기도 파주시 야당동: 이런 입지 조심!

위치: 경기도 파주시 야당동

대지 추정가: 290만~560만 원(평당, 2023년 기준)

입지 패턴: 민간마을

기반 시설: 도시가스 ×, 전기지중화 ○, × 혼재

도로교통: ★★☆☆☆

대중교통: ★★★☆☆

교육: ★☆☆☆☆

생활 인프라: ★★☆☆☆

대형 인프라: ★★★☆☆

추천: 난개발지가 어떤 곳인지 궁금한 사람

동네 한 바퀴 우후죽순 지어지는 빌라 숲

나는 과거 개업 공인중개사였다. 특히 파주시 운정, 야당 지역 위주로 영업을 많이 뛰었는데, 손님에게 집 안내를 하면서 '여기는 교통이 좋다', '멋진 동네다'라는 말을 내뱉을 때마다 무척 가슴이 쓰렸다.

그 이유는 하나. 스스로 땅을 구해 집을 짓고 살고 있기 때문에 생긴 '부동산은 집이 아니라 입지다'라는 생각이 저 밑에 시멘트처럼 굳게 깔려 있었던 탓이다. 늘 "집은 좋은데 입지가 별로예요"라는 말을 입에 머금고 있으니 속병이 날 수밖에. 고매한 이상이 생계를 잡아 쥐고 흔들었달까.

그래서 돈도 못 벌었다. 이 바닥은 기본적으로 얼굴 철판 딱 깔고, 오직 밥벌이를 위한 멘트로 무장해야만 성공할 수 있는 곳. 그런 일에 뛰어난 사람이 몇몇 있었고 돈은 약속이나 한 듯 모두 그들 계좌로 흘러갔다. 마침 부동산이 눈만 뜨면 오르던 때. 누구는 집 팔아서 빌딩 올렸네, 누구는 아예 시행사를 차렸네… 여기저기 난리도 아니었다. 그런데 나는 구석에 앉아 혼자 반성문이나 끄적이며 낑낑대는 꼴이라니. '아, 이건 나와 도무지 맞지 않구나. 다른 길을 찾아봐야겠다'라고 생각한 시점이 그 무렵, 마음속에서 양심과 돈 욕심이 서로 부딪히던 바로 거기서였다.

사설이 길었다. 광주시에 신현동, 능평동이 있다면 파주시에는 야당동이 있다. 미로 같은 도로, 아래는 빽빽한 빌라 숲, 위는 고급 타운하우스. 전형적인 난개발 입지다.

먼저 도로부터 짚어보자. 당연히 광주시에서처럼 여기서도 내비게이션은 무용지물이다. 믿고 따라갔다가 툭하면 빌라 주차장 막다른 곳과 만나니 당황스럽기 그지없다. 팁 하나 주자면 이런 길에서는 너무 성급하게 핸들을 꺾지 말고 주변을 가만히 바라볼 것. 다른 차들이 어떻게 이동하나 살펴보고 그쪽으로만 따라가자. 그럼 대부분 통행 가능한 길과 이어진다.

이런 길의 가장 큰 문제는 바로 응급 상황이 일어날 때다. 만일 화재가 발생한다면? 소방차나 구급차가 비집고 들어갈 틈은 당연히 없다. 차를 한 대씩 치우거나 도로를 일부 깎아내며 진입해야 그나마 나아갈 수 있으니! 당장 조치가 시급해 보이지만, 허가를 내준 당사자인 관에게 정반대 행정을 기대하기는 무리다. 평소 응급 상황을 가정한 모의 연습이라도 기대해보는 수밖에.

두 번째로 짚어볼 것은 빌라 숲. 분명 지난주엔 밭이었는데 이번 주에 가보니 그 자리에 빌라가 올라가고 있다. 우후죽순이라는 사자성어 그대로다. 답사를 도는 중에도 수없이 많은 공사 차량과 펜스, 건축 중인 빌라 숲 사이를 통과해야만 했다. 대체 왜 이렇게 끝없이 지어 올리는 것일까?

이유는 크게 세 가지다. 첫째, 지하철 야당역 초역세권이라는 점. 둘째, 일산 바로 옆 파주 지역이라 토지가 상대적으로 저렴하다는 점. 셋째, 접수만 하면 바로 허가 도장이 찍히는 초스피드 행정력. 이 세 톱니바퀴가 맞물려 지금 이 순간도 야당동 포크레인은 쉴 틈 없이 굴러가는 것이다.

세 번째로 짚어볼 것은 꼭대기의 타운하우스들. 겨우겨우 길을 뚫고 올라가면 만나는 신세계다. 일견 일산 설문동, 성석동 공장, 창고의 바다 위에 떠 있는 섬과도 비슷하다. 빌라의 숲, 그 위에 고고히 올라가 있는 타운하우스 섬이다.

안으로 들어가면 아래쪽 미로 같은 길이 기억에서 지워질 정도로 무척 깔끔하고 단정하다. 벙커 주차장은 기본이요, 향은 남동에 언덕 위 조망까지 예술이다. 차 안에서 야당역 아랫동네를 헤쳐 올라오는 동안 잠깐 졸다가 여기 와서 눈을 뜨면? "와, 이렇게 예쁜 동네는 처음 보네!"라는 말이 나올 정도다. 그래서 나왔다, 찍사홍의 교훈. 부동산 중개인과 함께 타는 차에서는 절대로 졸지 말 것!

입지 분석 **야당동의 입지는?**

• **교통:** 큰 도로는 야당역 철로와 나란히 뻗은 경의로부터 눈에 들어온다. 여기에 오른쪽은 서울문산고속도로, 왼쪽은 제1, 2자유로. 좌청룡 우백호다.

그만큼 든든한 도로망이지만, 늘 지적하듯이 문제는 마을 내부에서 어떻게 여기까지 내려올 것인가 하는 점이다. 이곳은 차가 없으면 올라갈 수도 없는 동네다. 더군다나 제1, 2자유로 쪽으로 넘어가는 다리가 야당과선교 딱 하나라니(왕복 이차로). 출퇴근길과 주말에

출처: 네이버 지도

🚗 **내비게이션 검색어: 야당역**

정체는 확정이다. 어쩜 이렇게 광주시와 판박이인지.

대중교통은 경의중앙선 야당역이 기본이다. 이 선로를 기준으로 떡 썰어놓은 듯 아파트와 빌라촌이 경계를 이뤘다. 사실 야당역 하나만 보고 여기 들어오는 사람도 많을 듯. 그 와중 버스는 안쪽까지 마을버스가 올라간다. 총 두 대, 배차 간격도 15분으로 나쁘지 않다.

• **교육:** 특이한 것은 버스들의 목적지가 바로 철길 건너 신도시 아파트 쪽 초·중·고라는 것. 이 말인즉슨 야당역 뒤쪽으로는 아예 학교가 하나도 없다는 뜻이다. 그나마 등하교 시간에는 버스를 집중 배차한다고 하니, 자차 픽업을 못 하는 상황이라면 기사님 운전 역량을 믿어보는 수밖에.

• **의료, 문화:** 다행히 생활 인프라는 안쪽에 많다. 중형 마트, 카페,

편의점 등 웬만하면 걸어서 다 해결 가능하다. 여기 없는 것들은 길 건너 거대 상업지역에 모여 있는 것도 장점. 마을 중심에서 길게 잡아 약 1.3km 떨어져 있다.

대형 인프라는 운정과 일산 양쪽 신도시 둘 다 이용할 수 있는 위치. 이마트 운정점(2.6km), 운정와이즈병원(3.4km), 인제대학교 일산백병원(7km).

야당동의 장단점

장점: 역세권, 뛰어난 주변 도로

단점: 전형적인 난개발 입지

경기도 파주시 동패동: 파주 넘버 원

위치: 경기도 파주시 동패동

대지 추정가: 700만~720만 원(평당, 2023년 기준)

입지 패턴: 나라마을

기반 시설: 도시가스 ○, 전기지중화 ○

도로교통: ★★★☆☆

대중교통: ★★★☆☆

교육: ★★★☆☆

생활 인프라: ★★★☆☆

대형 인프라: ★★☆☆☆

추천: 균형 좋은 파주 단독마을을 원하는 사람

모두가 군침 흘리는 나라마을의 전형

김포시 장기동에 이어 계란 프라이 같은 마을 2탄이다. 주변이 온통 아파트, 아파트… 여기만 빼꼼 전원주택 단지로 빠져 있다. 이런 곳이 바로 나라마을, LH 필지의 전형이니 이참에 외워두자. 이 책에도 비슷한 지역이 숱하다.

하지만 여기 두일마을은 특별하다. 분위기가 무척 고급스럽다. 백화점 명품관에 들어온 기분. 왜 그럴까? 아파트가 바로 옆에 딱 붙어 있는 게 아니라 마을 주변을 공원이 한 겹 둘러싸 완충 작용을 하기 때문이다. 그래서 보통의 나라마을 같은 답답함은 별로 들지 않고, 조경 잘 된 커다란 정원 속에 들어앉은 느낌이다. 또 정남향 배치, 넓은 필지, 지구단위 계획 세대수 제한으로 다가구 원천 봉쇄, 하나같이 고급 자재로 지어진 집들과 마당 조경 등 단독주택에 조금이라도 관심 있는 사람이 지나가다 보면 '우아!' 할 만한 요소들로 가득하다.

단 하나, 가격이 조금 세다. GTX-A와 파주 메디컬클러스터(둘 다 2024년 완공 예정)를 비롯해 겹겹이 들어올 호재가 선반영된 듯하다. 하지만 누차 말했듯 단독과 호재의 궁합은 별로다. 화성시 새솔동의 경우만 봐도 그렇다. 지하철역도 들어오지 않았는데 가격은 이미 역세권 수준이다. 아파트 대비 투자처로서 메리트도 크지 않은데 초기 진입장벽만 높이는 꼴이다. 비슷한 이야기는 앞서 청라동에서도 충분히 언급했으니 부족하면 다시 확인해보자.

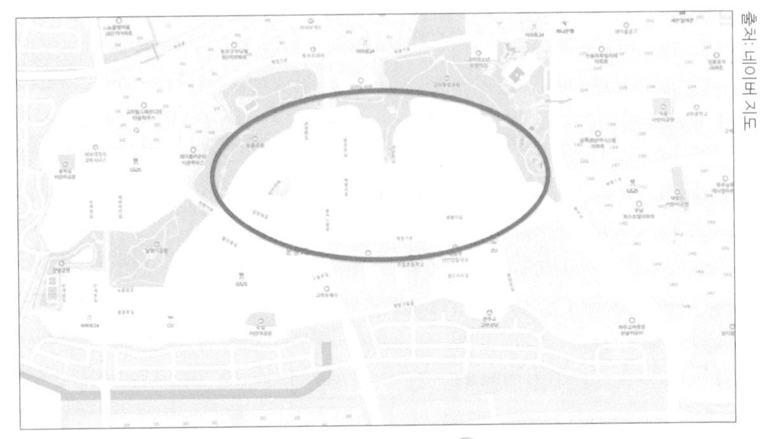

출처: 네이버 지도

내비게이션 검색어: 두일초

입지 분석 동패동의 입지는?

• **교통:** 입지가 좋다. 이러니까 바로 앞에 GTX가 들어서지. 제1자유로 2.5km, 제2자유로 1.8km. 양쪽에 딱 끼었다. 정면에는 운정3지구가 활발히 공사 중. 대단지 아파트가 추가 또 추가되니 서울 방향 도로 여건은 앞으로 더 좋아질 수밖에.

하지만 대중교통은 이에 한참 못 미친다. 이건 사실 파주시의 공통 과제다. 현재 유일한 지하철역인 야당역이 약 7.2km. 그것도 버스 타고 빙빙 돌아서 간다. 물론 광화문행 광역 버스도 있긴 하다만, 얼마나 불편한지 이 부근에선 자차 통근이 훨씬 더 많다. 그렇다고 희망 회로가 아예 멈춘 것은 아니다. GTX-A 운정역은 물론, 추가로 3호선 운정 연장도 적극 검토 중이니까.

• **교육:** 훌륭하다. 두일초등학교, 두일중학교가 마을 앞에 딱 붙어 있고, 유치원도 그 안에 함께 있다. 고등학교만 살짝 떨어져 있는데, 교하고등학교가 600m. 큰길 하나만 건너면 바로 보인다. 하지만 이를 어째, 파주시는 비평준화 지역. 원하는 고등학교에 무조건 다 가는 게 아니라, 성적순으로 입학 가능하다. 따라서 이런 지역의 고등학교 통학은 논외로 하는 게 옳다.

• **의료, 문화:** 생활 인프라는 바로 앞 상업지역에 모여 있다. 마을에서 멀리 잡아도 약 1km 이내. 걸어서도 충분하다. 사실 이 인프라는 주변 대형 아파트 단지를 위한 것. 아파트가 주변에 많으면 이런 점이 좋다. 이 안에 중형 마트, 병의원까지 살뜰히 들어와 있다.

대형 인프라는 별개다. 대형 마트인 홈플러스 파주운정점(4km), 종합병원 일산백병원(7.2km), 모두 차 타고 조금 나가야 한다.

하지만 주변에 가볼 만한 곳으로는 파주출판단지, 롯데프리미엄 아웃렛 파주점(3.3km) 등이 있다.

동패동의 장단점

장점: 완벽한 인프라, 연속된 호재

단점: 점점 치솟는 가격

경기도 양주시 옥정동: 빅 사이즈 옥정

위치: 경기도 양주시 옥정동

대지 추정가: 390만~420만 원(평당, 2023년 기준)

입지 패턴: 나라마을

기반 시설: 도시가스 ○, 전기지중화 ○

도로교통: ★★★☆☆

대중교통: ★★☆☆☆

교육: ★★★☆☆

생활 인프라: ★★☆☆☆

대형 인프라: ★★☆☆☆

추천: 한적하고 여유로운 LH 마을을 원하는 사람, 미래 가치를 중시하는 사람

옥정지구는 한마디로 '빅 사이즈'다. 대지 개수와 크기뿐만 아니라 주변에 조성된 타운하우스, 공원도 모두 대형 일색이다. 먼저 단지 내부 특성부터 살펴보고 나머지는 천천히 확인해보자.

필지 수 147개, 필지 크기 80~100평. 2018년에 최초 분양했는데, 가운데 큰 도로를 끼고 위아래로 구분됐다는 특징이 있다.

내부 기반 시설은 꽤 훌륭하다. 도로, 인도, 놀이터… 포장 막 뜯은 새 제품 같다. 그래서일까. 집들이 띄엄띄엄, 한 마을이라고 볼 수 없을 정도로 서로 간격이 멀다. 밤에 산책하기 살짝 무서울 정도. 분양한 지 5년이 넘었지만 아직도 이렇게 집이 많지 않은 이유는? 최근 부동산 경기나 자재비, 인건비 상승이 원인이라는 인근 부동산들의 귀띔이 있다.

사방이 아파트로 꽁꽁 둘러싸여 있다. 나라마을의 익숙한 풍경인데, 유독 사업용 차량, 캠핑카가 주차된 것이 눈에 띈다. 빈 땅이 많아 관리가 허술한 점을 이용해 인근 아파트 단지에서 마구잡이로 댄 듯하다. 이런 것은 초기에 잡아야 한다. 그렇지 않으면 나중에는 당연한 것으로 인식해 길 한쪽을 독차지하는 일도 생긴다.

마을과 아파트 사이에는 넓은 녹지가 있다. 이렇게 넓은 완충 공간은 처음이다. 아파트에서 넘어오는 소음, 불필요한 시선 등이 여기서 한방에 다 걸러진다. 둘의 간격이 지나치게 가까운 동탄2지구와 비교하면 딱 좋겠다.

바깥으로 나가보자. 마을 중앙 큰길에서 한쪽은 광사동 고읍지구, 또 한쪽은 1호선 덕계역으로 이어진다. 고읍지구는 유튜브 〈찍사홍〉 채널에서 가격뿐만 아니라 입지 전반에 걸쳐 후한 평가를 받은 동네다. 옥정지구의 작고 오래된 버전인데, 이 근처를 염두에 둔다면 꼭 함께 들여다보길 바란다. 참고로 옥정이 크고 넓은 아메리칸 스타일이라면, 고읍은 '귀염 뽀짝 K-스타일'이다.

마을 아래엔 선돌근린공원과 블록형 단독주택 자리 두 곳이 넓게 붙어 있다. 이들 자리가 워낙 방대해서 옥정 단독 필지가 더 크게 느껴지기도 한다. 현재 마을 위쪽으로 한창 대단지 타운하우스가 공사 중인데, 이건 마을 입장에서 명백한 호재다. 고양시 삼송마을이나 화성시 동탄1신도시를 보라. 대기업은 아무 곳에나 자리 잡지 않는다. 교통과 인프라가 좋은 곳을 정확히 파악해 집을 지으니, 그 주변은 자연히 좋은 입지임이 보장된 셈. 또 막대한 돈을 들여 알아서 동네를 꾸며줘, 인근 부동산 가치 역시 동반 상승한다. 지금 당장 휑하다고? 조금만 더 참아보자. 몇 년 뒤엔 상전벽해가 돼 있을 테니까!

입지 분석 옥정동의 입지는?

• **교통:** 경기 북부에 대한 대표적인 편견이 '불편한 교통'이다. 하지만 실제로 서울 접근성은 경기 남부보다 쾌적하다. 옥정만 해도 그렇다. 지구 전체를 옥정서로, 회천남로 등 큰 도로들이 둘러싸

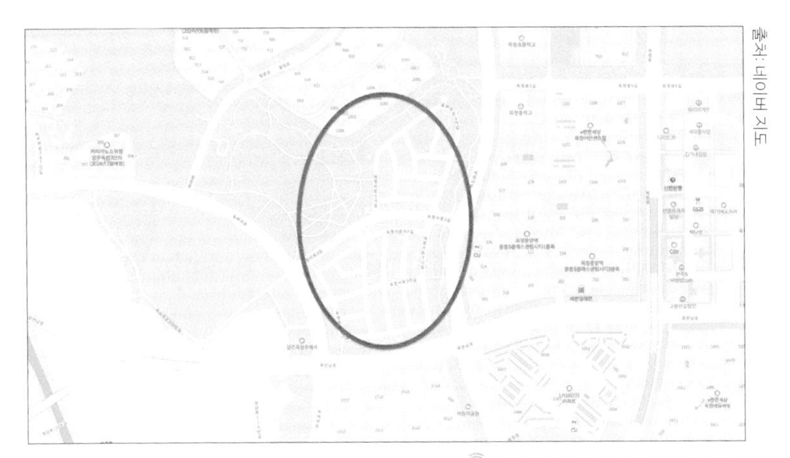

출처: 네이버 지도

내비게이션 검색어: 옥정중

고 있다. 또 왼쪽으로 신평화로가 있어 고읍지구 광사IC(5.4km)를 거쳐 의정부로 나가기 수월하고, 위로는 수도권제2순환고속도로 양주IC(3.8km)가 오른쪽 구리포천고속도로와 연결돼 서울까지도 무난하게 진입 가능하다. 이 정도면 서울 북부 출퇴근은 껌이다.

대중교통도 괜찮다. 지하철은 1호선 덕계역이 가장 가까운데, 마을 앞에서 버스 타고 3km만 가면 된다. 더 중요한 것은 7호선 옥정역. 지구 정중앙에 2025년 개통을 목표로 현재 열심히 공사 중이다. 그 바로 아래 고읍역(가칭)도 추가로 들어올 예정이니, 양주시 전체가 늘 들썩이는 것은 어쩌면 자연스러운 현상이다.

• **교육:** 신도시답게 학교는 다 들어와 있다. 옥정초등학교, 옥정중학교가 단독 필지에서 아예 대놓고 보인다. 아쉬운 것은 4차선 대로 너머에 있어 저학년의 경우 등하교 시 살짝 불안하다는 점.

• **의료, 문화:** 생활 인프라가 마을 주변에 두루 있으면 좋겠다만 아쉽게도 아직은 없다. 모두 옥정역이 들어서는 중심상업지구까지 나가야 한다. 마을에서 멀리 잡아 약 1km. 일단 가기만 하면 영화관, 병의원, 중형 마트까지 웬만한 것은 다 누릴 수 있다.

다만 종합병원과 대형 마트가 없다는 게 좀 불만인데, 이것도 7호선이 답이다. 일단 들어오기만 하면 부족한 것은 알아서 해결될 것이다.

주변에 가볼 만한 곳으로는 마을 바로 아래 붙어 있는 선돌근린공원, 멋진 수변을 자랑하는 옥정중앙공원(2.2km). 둘 다 모두 빅 사이즈. 옥정의 캐릭터는 확실하다.

옥정동의 장단점

장점: 미래 가치, 큼직한 필지, 대형 공원

단점: 성숙 시간 필요, 대형 인프라 부족

경기도 의정부시 민락동: 의정부 원 톱!

위치: 경기도 의정부시 민락동

대지 추정가: 450만~480만 원(평당, 2023년 기준)

입지 패턴: 나라마을

기반 시설: 도시가스 ○, 전기지중화 ○

도로교통: ★★★☆☆

대중교통: ★★☆☆☆

교육: ★★☆☆☆

생활 인프라: ★★☆☆☆

대형 인프라: ★★★☆☆

추천: 대형 공원 옆의 여유로움을 느끼고 싶은 사람

센트럴 파크가 생각나는 단독마을

뉴욕 센트럴 파크 옆에 단독마을을 만든다면? 아마 여기 새롬마을이 비슷할 것이다. 지도만 봐도 주변이 온통 푸른색. 특히 오른쪽에 널찍한 송산사지근린공원이 눈에 띈다. 또 바로 앞에는 푸른마당근린공원과 활기체육공원이 있고, 왼쪽 송민학교 옆 의정부미술도서관 뒤로도 훌륭한 산책로가 있다. 공원이 많은 동네를 원한다면 이보다 더 좋은 선택지가 없다.

새롬마을은 민락2지구와 고산지구 사이에 있다. 특히 열심히 조성 중인 고산지구와는 부용산 자락 언덕 하나가 끼어 있다(그러고 보니 거기도 '녹(綠)'이다).

마을 앞에 도로가 나 있는데 6~7차선으로 상당히 넓다. 이걸 통해서 고산지구 바로 옆 민락 IC까지 한 번에 도달할 수 있다.

그런데 마을 입구 쪽 미술도서관 옆으로 웬 시커먼 굴뚝 하나가 보인다. 저건 뭘까 싶어 들어가봤다. 알고 보니 천연가스를 만드는 열병합발전소. 직원들 출퇴근 차량으로 일대가 다소 붐비긴 하지만 마을과는 떨어져 있고, 건물 주변이 깨끗해 위화감은 별로 없다.

전체적으로 이 지역은 아파트로 빼곡한 신도시다. 큰길에서 아파트 쪽을 바라보면 굳센 성벽처럼 위압적으로 느껴진다. 그만큼 수가 많다. 그래도 아파트 주민들과 함께 이용하는 녹지, 공원이 모두 단독마을 부근에 모여 있다는 것은 행운이다. 의정부 근처에 살면서 단독생활을 염원하는 사람들에게 그야말로 로망이 될 만한 자리!

• **교통:** 도로교통은 앞서 말한 구리포천고속도로 민락IC가 바로 옆이다(1km). 핸들 딱 두 번만 꺾으면 된다. 그런데 중간에 송산사지가 있어 고속도로 소음, 공해가 마을에서 거의 느껴지지 않는다. 여기서 고속도로를 타면 남양주시 별내를 거쳐 서울시 중랑구까지 약 20분이면 도착한다. 정말 쾌적하다.

반대쪽에는 호국로가 있어 아래로 의정부 시내와 고양시, 위로는 양주시, 포천시까지 이어진다. 또 그 아래 43번 국도로 경기도청, 구리포천고속도로까지 갈 수 있다.

대중교통은 특히 버스가 좋다. 마을 옆 송산사지 정류장에서 서울 가는 직통버스가 운행 중이다(잠실광역환승센터 방면). 이걸로 출퇴근을 대다수 해결할 수 있지만, 아쉽게도 근처에 철도가 없다.

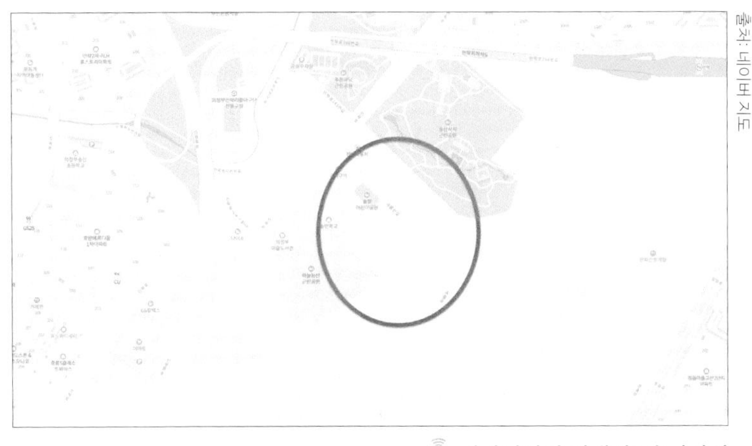

출처: 네이버 지도

내비게이션 검색어: 송산사지

찾아보면 탑석역이 제일 가까운데(3km), 의정부시 안을 뱅글뱅글 도는 경전철. 1, 7호선을 이용하려면 무조건 버스 타고 근처 도봉산역까지 내려가야만 한다. 그 와중에 반가운 소식. 2025년이면 탑석역으로 7호선이 들어온다. 마을에서는 거리가 있는 편이지만 숨구멍이 하나 더 트이니 다행이다.

• **교육:** 마을 안에 장애인 특수학교, 송민학교가 있다. 일반 초·중·고도 많지만 모두 마을 앞 큰 도로를 건너가야 한다는 게 단점. 의정부송산초등학교(1.5km), 민락중학교(2km), 부용고등학교(2.2km). 대형 공립 유치원이 길 너머 마을 정면에 있으니 참고하자.

• **의료, 문화:** 생활 인프라는 마을 앞 도로에 작은 편의점 정도. 하지만 괜찮다. 대형 마트가 코앞에 있으니까. 이마트 의정부점(900m), 코스트코 의정부점(2km).

잘 알려진 대로 의정부시는 종합병원 천국이다. 가까운 순으로 가톨릭대학교 의정부성모병원(4km), 의정부백병원(8.4km) 등이 있다.

민락동의 장단점

장점: 바로 옆 대형 근린공원, 상대적으로 저렴한 가격

단점: 아직 빈약한 철도망, 불편한 통학 코스

경기도 동두천시 지행동: 구도심의 희망

위치: 경기도 동두천시 지행동

대지 추정가: 200만~250만 원(평당, 2023년 기준)

입지 패턴: 민간마을

기반 시설: 도시가스 ×, 전기지중화 ○, × 혼재

도로교통: ★★☆☆☆

대중교통: ★★☆☆☆

교육: ★★★☆☆

생활 인프라: ★★☆☆☆

대형 인프라: ★★☆☆☆

추천: 갖출 것은 갖춘 저렴한 마을을 찾는 사람

터가 좋은 지행신도시

2000년에 만들어진 지행신도시. 교통과 교육 여건이 우수하다. 좋은 터에 길만 잘 닦아놓으면 훌륭한 마을이 탄생할 듯. 하지만 노쇠한 모습에 별다른 호재도 없어 전체적으로 활력이 뚝 떨어져 있다. 특히 사람이 별로 안 보인다. 새로운 변화가 필요한 듯하다.

여기까지 왔는데 한 군데만 가면 아쉬울 것 같아 두 군데를 돌았다. 먼저 아파트 뒤쪽의 첫 번째 마을. 큰 도로에서 들어갈 때 보면 아파트에 가려 마을이 아예 보이지 않는다. 입구까지 와도 마찬가지. 등산한다는 생각으로 언덕길을 계속 따라가다 보면 드디어 단독들이 하나둘 나타난다.

마을 시작부터 왼쪽에 선산, 가족묘가 넓게 펼쳐져 있다. 이렇게 입구에 분묘가 자리한 동네는 의외로 많다. 특히 고양시 삼송동은 대기업 타운하우스 근처라 한때 논란이었다. 풍수에선 크게 나무랄 점 없다고 하고, 또 보기에도 그냥 정돈된 녹지라 넘어갈 수 있겠다만 아무래도 호불호는 크게 갈린다.

지행동은 전형적인 민간 주도의 작은 마을. 경사가 꽤 있는데도 도로가 뚝뚝 끊겨 있어 차를 돌려 나올 때 주의가 필요하다. 재밌는 것은 도로 경사다. 울룩불룩 엠보싱 화장지처럼 생겼다. 왜 이렇게 만들었을까? 경사각을 좀 완화하려는 친절한 배려일까?

아무튼 이 동네, 무심코 카메라를 메고 걸었더니 한바탕 난리가 났다. 여기저기서 왈왈 컹컹! 한 마리가 짖으면 동네 개 전체가 합창을 한다더니, 바로 이곳을 두고 하는 말이었다. 괜히 움츠러드는 기분? 심지어 몇몇 주민이 마당에 나와 불필요한 눈인사까지 나눠야만 했다. 별수 있나, 쟤들이 나가라는데. 이런 곳은 도보 답사도 오래하기 힘들다. 이미 두 다리는 바삐 움직이고 있었으니!

두 번째 마을. 이번엔 빌라촌에 가려져 있다. 그래서 역시 밖에서는 마을이 전혀 보이지 않는다. 다시 산꼭대기까지 오르면 마을 등장. 언덕 최상부임에도 넓은 밭과 등산로가 마을 바로 옆에 붙었다.

신기한 것은 단지 초입에 작은 물류 창고들이 아파트 상가처럼 들어와 있다는 점이다. 길 끝에는 짓다가 만 집들도 몇 동 보이고. 아, 몇 채가 아니라 몇 '동'이다. 언덕 따라 쭉 빈 콘크리트 기초들만 늘어서 있는데, 누아르 영화 찍으면 딱 좋겠다.

이런 것들을 그냥 못 본 셈 치고 올라가니 어느새 골목 분위기가 180도 달라져 있다. 가장 초기에 조성된 라인인 듯한데, 반듯한 집들이 각 맞춰 보기 좋게 자리 잡았다. 아니, 이렇게 위아래 온도가 다를 수 있나? 보고 싶은 풍경만 보고 산다면 이쪽도 나쁘지 않겠다. 참고로 길은 여기나 저기나 똑같이 뚝뚝 끊겨 있으니 운전에 주의할 것.

입지 분석 지행동의 입지는?

• **교통:** 바로 앞 3번 국도가 핵심이다. 이걸 타고 그대로 내려가면 동부간선도로와 연결된다. 또 거기서 갈라져 수도권제2순환고속

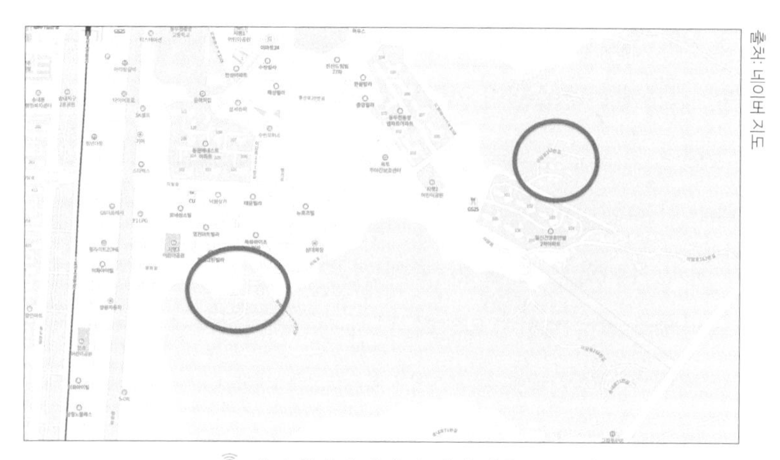
출처: 네이버 지도

내비게이션 검색어: 숲속마을, 동두천에코휴먼빌 2차

도로와 구리포천고속도로를 이용할 수도 있고. 양주IC는 약 15분 거리(8.7km). 서울 북부, 동두천에서 이 정도면 나름 괜찮다.

대중교통은 어떨까? 일단 이 지역 모든 것의 중심엔 지하철 1호선이 있음을 기억하자. 두 마을의 중간 지점에서 쟀을 때 지행역까지 거리는 약 1km. 별로 안 멀겠지 싶어 실제로 걸어가봤다. 대략 30분 정도. 조금 아니, 많이 버거웠다. 평지가 아닌 언덕이 많다. 또 가는 길도 구불구불, 길눈 어두운 사람은 자칫 방향을 잃을 수 있다.

버스 타면 편하긴 하다. 환승 없이 약 11분. 하지만 마을과 아래 버스 정류장 사이가 좀 멀다. 언덕 꼭대기에서 약 500m. 무조건 마을 진입로이자 등산로를 따라 걸어 내려와야만 한다. 이곳은 역세권이라고 부르는 데 좀 신중해야겠다 싶다.

- **교육:** 학교는 괜찮다. 지행초등학교(1.5km), 송내중앙중학교

(1.5km), 동두천중앙고등학교(1.5km). 초등학교가 멀다고? '아파트의 관점'이다. 구도심에서 이렇게 초·중·고가 한곳에 다 모여 있는 마을, 솔직히 찾기 어렵다. 참고로 최초의 공립 외국어고등학교인 동두천외국어고등학교도 있다(1km). 전교생이 기숙사에 입소하니 아이가 공부를 잘하면 노려볼 만도 하다.

• **의료, 문화:** 생활 인프라, 걱정 없다. 주변에 아파트와 빌라가 많으니까. 각종 중형 마트가 주변에 여럿 보이고, 그래도 부족한 것은 지행역 뒤편 로데오 거리에서 해결할 수 있다. 또 마을 아래 동두천터미널 안에도 롯데마트 동두천점이 들어와 있다(2.2km).

간단한 병의원은? 지역민은 가까이 동두천메디칼센터(1.6km)를, 종합병원의 경우 위로 동두천중앙성모병원(3.4km)을 자주 이용한다. 추가로 아래 양주 방면 양주한국병원도 나름 가까운 편(10km).

가볼 만한 곳으로 동두천 양키시장(2.5km), 1호선 보산역 뒤쪽 동두천시외국인인관광특구(3.3km), 소요산국민관광지(8.8km) 등이 있다.

지행동의 장단점

장점: 교육 여건 우수, 저렴한 가격

단점: 오래된 인프라, 개발 호재 전무

경기도 연천군 청산면 궁평리: '갓성비' 추천!

위치: 경기도 연천군 청산면 궁평리

대지 추정가: 90만~120만 원(평당, 2023년 기준)

입지 패턴: 민간마을

기반 시설: 도시가스 ×, 전기지중화 ×

도로교통: ★★★☆☆

대중교통: ★☆☆☆☆

교육: ★★☆☆☆

생활 인프라: ★☆☆☆☆

대형 인프라: ★★☆☆☆

추천: 경기 북부에서 가성비 좋은 곳을 찾는 사람

답사를 마치고 "찾았다, 갓성비 전원마을!"이라고 외칠 정도였다. 그만큼 가격 대비 장점이 풍성했던 곳. 그냥 보기엔 지루한 시골 마을 같다고? 혹시 전곡선사박물관, 한탄강에 가봤나? 연천에 왜 그리 캠핑장이 많은지 생각해본 적은? 여전히 아리송하다면 이 글을 끝까지 보라. 머릿속에 그림을 그려주겠다.

동네 가운데엔 굽이굽이 작은 냇물이 흐른다. 궁평1천인데, 현재 보기 좋게 단장하는 중. 이를 중심으로 위아래, 크게 두 개 마을로 분리돼 있다. 그 한가운데가 양촌삼거리. 편의점, 미용실, 부동산 등 마을의 생활 인프라를 담당한다.

주변을 직접 걸어 보니 동네가 무척 상쾌했다. 최근에 새로 깐 도로와 인도가 한몫 단단히 했다. 또 저 아래 한창 공사 중인 하천 쪽은 정비만 끝나면 신도시 수변공원 느낌마저 줄 듯하다.

일단 군부대가 자리한 위쪽 마을부터 둘러보자. 부대가 있는 곳은 여지없이 도로 폭이 넓다. 작전상 대형 장비나, 트럭이 이동하기에 길이 좁으면 안 되니까. 이 큰길 양쪽으로 단독주택과 여러 인프라가 촘촘히 세워져 있다. 보건소, 도서관, 우체국, 복지회관 등. 길은 바로 한탄강과 이어지지만 도로가 없어 아쉽게도 차로 들어가 전경을 보기는 어렵다. 끝에서 핸들을 꺾어 오른쪽으로 더 나가면 장애인 보육시설. 그 옆에도 작은 타운하우스가 공사 중이다.

마을 안으로 깊숙이 들어가보자. 단독주택뿐만 아니라 1층을 활용한 카페, 펜션이 여럿 보인다. 그냥 지나치지 말고 눈썰미 있게 잘 봐두자. '여기는 1층에 근생(근린생활시설) 허가가 나는 지역이구나'라고 염두에 두라는 뜻이다.

우리나라는 같은 단독 필지라고 해도 허가 규정이 천차만별이다. (도시·군 계획 조례, 지구 단위 계획에 의거) 만일 이런 곳에 거주하면 1층에 상업시설을 내고 2층에 거주하며 일과 삶을 동시에 챙길 수도 있다. 이것이야말로 진정한 주거 독립 아니겠는가!

마을 형태는 전형적인 점마을이다. 평지에 넓게 점점이 분포한 집들. 크기에 비해 세대수가 그리 많지 않다. 딱 예전 농촌에 집만 현대식으로 바뀐 느낌. 이때 볼 마을에 비해 경사로가 전혀 없는 것도 장점이지만 신규 전입자로서는 꽤 부담스러운 게 사실이다. 슬쩍 봐도 거주민 80% 이상이 지역 토박이니까. 아무리 텃세가 없다고는 하지만 살면서 소소한 마찰은 당연지사. 친화력마저 젬병이라면 이런 마을, 굳이 권하지는 않는다(자세한 내용은 3부 'Q18. 실제로 텃세가 심한가?' 참고).

재밌는 것은 마을 가운데 위치한 청산중학교. 빤한 외곽 학교임에도 그럴듯한 축구장, 농구장까지 다 갖췄다. "우아" 하며 가까이 다가갔더니, 웬걸 어디선가 음매 음매! 정문 앞에 커다란 축사가 있었다. 수많은 소 떼가 한꺼번에 모여 여물을 뜯고 있는 모습, 솔직히 학교 시설보다 더 인상적이었다. 아이들이 등교하며 여물도 한번씩 주고… 농담이 아니라 진정한 생태 교육이란 바로 이런 게 아닐까 싶다.

이번엔 궁평1천 아래쪽 동네로 가보자. 개천을 따라 오래된 집과 작은 상가들이 죽 늘어서 있는데, 예전 1970~1980년대 드라마 세트장에 온 기분이다. 낡고 헤진 특유의 분위기 그대로다. 잘 보존해 관광 수입을 노려도 좋을 정도. 1992년에 방영된 최수종, 김희애 주연 드라마 〈아들과 딸〉의 귀남이, 후남이가 금방이라도 문 열고 튀어나올 것만 같다면 상상이 될까.

길 따라 언덕으로 올라가봤다. 높은 경사면을 이용해 만든 작은 마을의 팻말이 보인다. 가는 길 중턱에는 대형 교회와 카페도 있다. 마을은 조금 더 올라가야 나오니까, 주말에는 이곳을 찾는 차량으로 약간의 혼잡이 예상된다.

가장 높은 곳의 단독마을에 도달했다. 도로 상태는 울퉁불퉁, 아직 채 정비가 끝나지 않았다. 가장자리 빈 필지에 서보니 탁 트인 전망과 시원하게 뻗은 37번 국도가 내려다보인다. 고속도로 옆은 이래서 좋다. 멀리서 차들이 바쁘게 움직이는 모습을 보고 있으면 나도 모르게 마음에 여유가 생긴달까. 그래서 유독 이런 자리에 카페가 많은 것인지도 모르겠다.

그렇다고 도로 소음이 나느냐? 그것도 아니다. 워낙 거리와 높이가 있어 마을에선 전혀 들리지 않는다. 게다가 이 마을은 무려 세 갈래 길. 탁 트인 쪽을 향해 세 줄로 나란히 집들이 있는데 모두 다 남향이다. 다 같이 공평하게 멋진 조망을 감상할 수 있다. 이러니 "그것참, 자리 한번 잘 잡았다!" 소리가 절로 나올 수밖에.

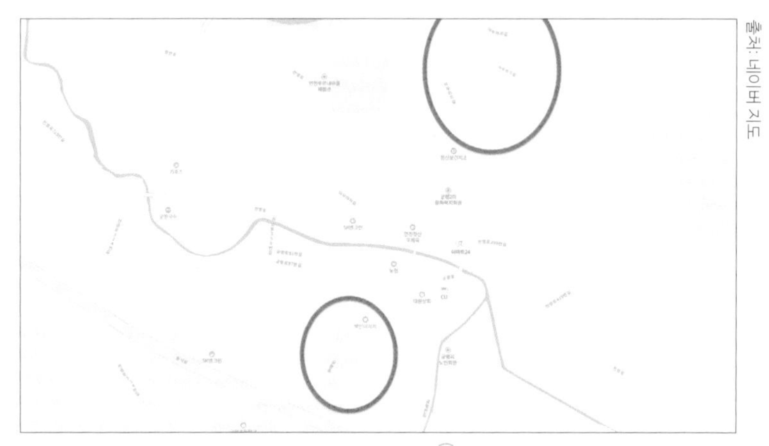

출처: 네이버 지도

내비게이션 검색어: 청산교회

입지 분석 궁평리의 입지는?

• **교통:** 이 마을을 고른 이유는 순전히 도로 때문이다. 일단 언덕 아래 보이는 37번 국도로 파주와 포천을 오갈 수 있다. 가장 큰 것은 역시 3번 국도 평화로. 동두천, 의정부까지 한 번에 닿는다.

대중교통은 어떨까? 바로 근처에 경원선 전곡역과 전곡시외버스터미널까지 들어와 있다. 따라서 주변은 자연스럽게 지역 최대 상권, 최고 교통망으로 자리매김했다.

버스는 마을 중심 양촌삼거리로 내려가면 총 네 대가 들어온다. 모두 핵심인 전곡역과 전곡시외버스터미널로 향하는데, 거기서 동두천, 도봉산역까지 가는 광역 버스로 환승 가능(6km)하다. 또 최근 증·개축한 전곡역이 2023년 하반기에 1호선 의정부 방면으로 연결되니 말 그대로 겹경사다.

• **교육:** 학교는 살짝씩 떨어져 있는데, 모두 거리가 그다지 멀지는 않다. 마을 중앙 양촌삼거리 기준 궁평초등학교(1km), 아까 본 청산중학교(400m). 또 고등학교는 전곡 시내에 전곡고등학교(4km).

• **의료, 문화:** 생활 상권은 대로변 양촌삼거리 주변에 모여 있다. 부족한 것은 역시 전곡역 쪽으로 나가면 되는데, 전곡농협하나로마트, 연천군보건의료원뿐만 아니라 다양한 프랜차이즈 상가가 즐비하다. 여기에도 없다면? 열차로 한 코스 더 위로 경원선 연천역(연천군청 소재) 쪽을 살펴봐도 좋겠다.

근처 가볼 만한 곳으로는 연천전곡리유적(6km)과 재인폭포(8km) 등이 있다.

궁평리의 장단점

장점: 저렴한 가격, 준수한 도로망, 탁 트인 조망

단점: 접경 지역이라는 불안감

임장부터 계약까지, 핵심만 엄선한 20문 20답 Q&A

모두가 궁금해하는 단독·전원생활 핵심 질문

들어가기에 앞서

모두가 집의 외관, 내부 인테리어만 이야기한다. 구조가 어떻고, 자재가 어떻고… 아무도 그 집이 들어선 입지, 마을에 대해서는 입도 뻥긋 안 한다. 부동산은 움직이지 않는다는 점이 핵심인데. 집은 마음에 안 들면 부수고 다시 지을 수 있어도 동네는 결코 바꿀 수 없는데. 그게 바로 부동산의 본질, 입지인데!

여기, 많은 사람이 궁금해하는 단독·전원주택 관련 핵심 질문을 엄선했다. 이것만 정독하면 입지 정보뿐만 아니라 평소 알기 힘들었던 주거 생활과 부동산 거래 꿀팁까지 모두 얻어가리라 자신한다. 전원생활 10년 차인 내 경험을 중심으로, 함께 사는 이웃, 답사하며 알게 된 지인, 영상에 무수히 달린 단독·전원생활 선후배의 시시콜

콜한 댓글, 마지막으로 부동산업 종사자들의 의견까지 그야말로 박박 긁어 정리했으니까.

Q1 부동산 입지란?

부동산: 아니할 불(不), 움직일 동(動), 재산 산(産). 즉, '움직이지 않는 재산'

입지: 설 입(立), 땅 지(地). 땅에 서 있는 모양을 말한다. 즉, '땅의 고유 좌표'

둘을 합치면, '움직이지 않는 재산의 고유한 위치.' '어느 빈 땅(부동산)에 누군가가 꽂아둔 말뚝(입지)' 정도의 이미지를 상상하면 이해하기 가장 쉽다.

입지에는 큰 입지와 작은 입지, 두 가지가 있다. 큰 입지는 주소의 지번같이 큰 틀에서의 위치를 뜻하고, 작은 입지는 몇 층 몇 호 등 그 안에서의 세부 위치를 뜻한다. 재테크에서 말하는 입지는 주로 큰 입지다. 하지만 실거주 입장에서는 작은 입지 역시 매우 중요하다. 층과 호수에 따라 전경과 채광, 소음 등에 차이가 있기 때문이다. 그럼 단독주택 입지만의 특징은 무엇일까?

다시 말뚝으로 돌아가보자. 만일 아파트 한 동에 100세대가 들어가 있다면, 말뚝(세대, 집) 100개가 위로 죽 꽂혀 있다고 상상하면 된다(높이의 개념). 하지만 단독은? 이 100개 말뚝을 높이가 아니라 '넓이'로 가져온다. 즉, 단독·전원마을이라는 일정한 구역 안에 말뚝 100개가 수평으로, 무작위로 꽂혀 있다는 뜻이다.

따라서 다양성만 놓고 보면 수평, 즉 단독 쪽이 훨씬 더 복잡하다. 말뚝 간격에 따라 저 끝과 이 끝이 전혀 다른 동네가 될 수도 있으니까. 예를 들면 앞 말뚝에 가려 조망이 잘 보이지 않거나, 도로가 붙어 있어 종일 시끄러울 수도 있다. 반대로 어떤 말뚝은 가장 높은 곳에 있어 탁 트인 조망에 유유자적하기도 하고, 또 어떤 말뚝은 빈 국유지 옆이라 평생 텃밭을 보장받기도 한다. 이렇게 수직 말뚝(아파트)에 비해 수평 말뚝(단독주택)에서는 큰 입지부터 작은 입지까지 하나하나 신경 쓸 게 무척 많다.

Q2 단독주택 입지에서 무조건 따져야 할 것은?

교통, 교육, 생활 인프라, 대형 인프라

나는 이 네 가지 요소를 '인프라 4대 천왕'이라고 부른다. 답사를 나가면 무조건 이것들부터 기계적으로 따져보는 습관을 들이자.

- **교통:** 가장 먼저 점검해야 한다. 특히 도로가 관건이다. 단독·전원주택 특성상 일반 철도나 지하철이 근처에 있는 경우는 매우 드

물기 때문이다. 보통 큰 도로가 주변에 몇 개인지, 얼마나 가까운지 등이 주요 체크 포인트. 참고로 고속도로 IC는 너무 멀어도, 너무 가까워도 좋지 않다. 가까우면 물류 창고가 많고, 멀면 너무 외지다. 대략 차로 10~30분 이내가 최적 거리. 하지만 너무 걱정할 필요는 없다. 요즘은 하도 도로가 잘돼 있어 웬만하면 그 범위 안이다. 그 밖에 국도나 지방도 등 작은 길은 마을과 가까울수록 편리하다. 마지막으로 현대 풍수에서는 물길과 함께 도로를 '재물길'로 해석하니 참고하자.

• **교육:** 초·중·고 중에서 특히 초등학교를 중심으로 보자. 학교가 마을과 1km 안쪽에 있다면 고학년 때 혼자 통학도 가능하다. 또 유독 초등학교 근처에 주요 인프라들이 모여 있다는 점도 재밌는 사실. 반대로 중학교, 고등학교는 대개 마을과 덜렁 떨어져 있는 경우가 많다. 이 현상은 외곽으로 갈수록 더 심해진다.

• **생활 인프라:** 마을 입구에 걸어서 갈 편의점 하나 없다면 곤란하다. 간단한 병의원, 약국, 중소형 마트 위치를 확인하자. 이것들이 고루 갖춰진 곳은 주로 아파트 근처. 따라서 주변에 작은 아파트 단지라도 보인다면 단독·전원마을로서는 그야말로 축복이다(거꾸로 마을 인근의 아파트 단지를 먼저 찾아보는 것도 방법!).

• **대형 인프라:** 가장 먼저 점검할 것은 응급실이 갖춰진 중급 이상

의 병원과 대형 마트다. 모두 약 15km, 30분 안쪽 거리면 충분하다. 가까울수록 좋겠지만 너무 가까우면 땅값이 비싸지고, 교통체증, 소음 민원 등이 발생할 수 있다. 만일 그 안에 없다면? 마트는 크게 상관없지만, 문제는 병원이다. 이럴 땐 답사보다 지역 부동산, 주민 커뮤니티에서 정보를 얻는 편이 낫다. 분명 지역민이 많이 찾는 중형 병원이 근처에 하나쯤은 있을 것이다(자세한 내용은 3부 'Q17. 병원 가까운 입지를 찾는 방법은?' 참고).

Q3 단독주택과 전원주택의 차이는?

단독주택의 국어사전 정의는 '한 채씩 따로 지은 집'이다. 그러니 단독이든 전원이든 둘 다 단독주택이 맞다. 그냥 혼용해서 써도 별 상관없는데, 유독 우리나라에서만 이 둘을 엄격히 구분하려는 경향이 강하다. 아무래도 '전원'이라는 단어가 주는 인상이 집값, 로망, 불편, 불안 등 전원생활에 관한 키워드와 밀접한 연관이 있다고 믿기 때문인 듯하다.

굳이 둘의 차이를 꼽자면 어디에 위치하느냐. 즉, 여기서도 핵심은 입지다. 보통은 시내나 아파트 단지 가운데 들어가 있으면 단독주택, 숲속에 있거나 주변에 논밭이 많이 보이면 전원주택이라고 부른다. 둘 다 잘 보인다고? 그럼 그냥 아무렇게나 부르자. 이름이 조금 달라도 뜻만 통하면 됐다.

Q4 타운하우스란?

타운하우스는 한마디로 '아파트와 단독의 혼합'이라고 보면 된다. 아파트는 싫고, 단독은 짓기 부담스러운 사람들이 차선책으로 선택하는 경우가 많다.

타운하우스는 이 둘의 장단점을 모두 갖고 있다. 장점은 공동 관리다 보니 치안이나 시설물 정비에 유리하다는 점, 대단지의 경우 크고 다채로운 커뮤니티 시설 등을 꼽을 수 있다. 단점은 벽간 소음, 개성 없는 외형, 프라이버시 문제, 고가의 관리비 등이 거론된다.

그중에서도 가장 큰 걸림돌은 역시 토지 공유지분. 하나의 땅을 2~3세대가 공동으로 사용하는 데 따른 법적 책임을 말한다. 토지 공동소유? 그건 아파트도 똑같은 것 아닌가? 맞는다. 그 부분은 이미 보편화돼 있다. 문제는 건축물에 대한 구분소유권이다. 보통은 분양할 때부터 토지와 건축물 모두에 저당이 잡혀 대출이 실행되는데, 중간에 이걸 매매하면 저당권 설정자(채무자)가 시행사에서 본인으로 명의가 바뀌게 되고, 시행사에서 토지소유권을 넘겨받을 때 근저당권이 발목을 잡아서 소유권 이전에 문제가 생기는 경우가 왕왕 있다. 따라서 최초 계약 시 이 부분을 명확히 기록해두는 편이 좋다.

최근에는 이런 문제 때문에 처음부터 토지를 분할 등기하는 경우가 많다. 벽을 떼서 벽간 소음도 없애고, 어떤 곳은 울타리까지 따로따로다. 거의 유사 단독주택, 협소주택이다. 이럴 거면 처음부터 직접 땅을 매매해 스스로 집을 짓는 게 낫지 않나? 따라서 나는 여러모로 타운하우스에 반대하는 입장이다. 다만 대기업 시행사의 입지 선정 능력만큼은 탁월하니, 그 부분은 참고할 가치가 있겠다.

Q5 짓는 게 나을까, 사는 게 나을까?

"땅 고르는 게 가장 어려워요."

당연하다. 대부분 태어나서 한 번도 땅을 사본 적이 없을 테니까. 그래서 많은 사람이 편하게 이미 다 지어진 집 또는 타운하우스를 선택하려고 한다. 빌라, 아파트를 고를 때처럼.

이게 무슨 문제냐고? 땅, 입지를 전혀 모르니 차라리 건축 전문가를 믿는 편이 낫지 않느냐고? 아니, 꼭 그런 것만은 아니다. 여기 세 가지 문제점을 들어보겠다.

첫째, 기성품에는 내 라이프스타일이 전혀 반영되지 않는다. 다 지어진 집에 나를 끼워 맞추고 살아야 한다. 내부는 차치하고 입지 역시 마찬가지. 산이 좋아도 물 앞에 살아야 하고, 물이 좋아도 논 앞에 살아야 한다. 차가 많아 주차장을 더 넓게 빼고 싶어도 못하고, 집을 작게 하고 정원을 크게 하고 싶어도 무리다. 심지어 지붕 색 하나 못 바꾼다. 차 떼고 포 떼고, 내 맘대로 할 수 있는 것을 눈 씻고 찾아야 하다니. 이게 어디 당당한 주거 독립인가!

둘째, 가격이 지나치게 비싸다. 상식적으로 생각해보라. 평당 50만 원짜리 땅에 30만 원 개발비가 들어간다 쳐도 판매가 150만~200만

원은 솔직히 과한 것 아닌가? 그런데 많이들 그렇게 남겨 드신다. 1.2~1.5배 마진. 당연히 땅부터 집까지 공정이 포개지면 포개질수록 마진율은 더욱 세진다.

물론 자본주의 세상에서 이문 붙여 장사하는 것은 자연스러운 일. 하지만 원가를 알고 들어간 자재 값을 아는데, 온전히 투입된 시간 값으로만 대략 한 장(1억 원)씩을 또박또박 챙겨가다니. 이건 좀 너무한 것 아니냐고. 아, 만일 당신이 돈은 주체 못하게 넘치는데 시간은 통 안 나는 연예인이나 정치인, 기업인이라면? 그럼 이 대목은 그냥 못 들은 것으로 하길.

셋째, 하자 부담이 크다. 사람이고 집이고, 살다 보면 다 고장 난다. 만물의 이치다. 그런데 타운하우스 같은 기성품은 문제가 생기면 이게 대체 어디서 어떻게 잘못된 것인지 통 알 수가 없다. 사람 같으면 가족력이라도 알지, 이건 뭐 손톱만 한 하자에도 그냥 무조건 '사람 불러라'다.

왜? 탄생과 성장 과정을 모르니 원인도 모르고 고쳐도 오래가지 않아서다. 예를 들어 1년 전에 고장 난 곳이 또 잘못돼서 연락했는데 수리업체가 사라졌다면? 연락처도 모른다면? 원인도 결과도 아는 게 없다면? 그럼 0부터 다시 시작이다. 이렇게 돈은 돈대로, 고생은 고생대로. 어쩔 수 없다. 이것이 기성품 집의 숙명이라.

하지만 설계사, 시공사와 함께 본인이 직접 집을 지었다면? 어떤 부분이 어떻게 취약한지 손바닥 들여다보듯 훤하다. 따라서 미리 대비하기가 쉽다. 단순히 못 하나만 박아도 그렇다. 건축주 스스로 이

벽은 나무 저 벽은 콘크리트, 몇 번 두들겨보면 안다. 얼마나 편한가.

물론 더 큰 하자가 나면 부득이 시공사를 불러야 하겠지만, 이 역시 건축 기간 꾸준히 소통만 했다면 척하면 척이다. 심지어 시공사 담당자가 바뀌더라도 '이 부분이 애초부터 문제였다'라고 새로운 담당자에게 역제안을 할 수 있을 정도다. 내 몸 어느 곳이 약점인지를 미리 알고 의사를 만나는 것처럼.

결국 스스로 땅을 고르고 직접 짓는 게 최고다. 그 첫 단추는 당연히 입지 공부다. 그래서 찍사홍과 이 책이 세상에 나온 것이다. 단순히 비용 절감뿐만 아니라, 본인이 원하는 곳에, 내 가족만을 위한 집을 스스로 지었다는 성취감까지 얻을 수 있으니 일석삼조다. 옛말에 "집을 지어봐야 진짜 어른이 된다"라는 말, 그냥 허투루 나온 게 아니다.

그런데도 도무지 입지 고를 시간도, 집 지을 여건도 허락하지 않는다면? 어쩔 수 없다. 기성품 중에서 똘똘한 놈, 최선을 다해 열심히 찾아보는 수밖에. 역시 가장 먼저 고려할 것은 입지.

딱 한 가지만 더 기억하자. '절대로 쫓기지 말 것.' 지금 당장 아파트를 뛰쳐나오고 싶은 마음에 쫓기고, 눈앞에 짜잔 펼쳐진 넓은 주방과 번쩍번쩍한 인테리어, 푸른 잔디에 쫓기고, 옆에서 업자의 "딱 이거 하나 남았어요!"라는 말에 쫓기고… 그렇게 쫓기고 쫓다 보면 어느새 패가망신이다. 급한 마음에 계약금부터 넣고 며칠 뒤 돌아보니 집 앞이 동물 화장터더라 하는 황당한 사연, 슬프지만 아직도 계속 일어나고 있다. 그러니 제발 급할수록 돌아가라. 부동산 거래에서 급한 것은 업자 하나로도 충분하다.

Q6 꼭 알아둬야 할 대표적인 건축 사기 사례는?

입지를 고심해서 정했다면 다음 순서는 집 짓기다. "좋은 집은 삼대가 덕을 쌓아야 짓는다"라는 말이 있다. 그만큼 집 하나 잘 짓기가 무척 어렵다. 그렇다고 손 놓고 가만히 있을 수 있나. 주거 독립이 바로 코앞인데. 힘내자! 여기, 최은영 건설 전문 변호사와의 인터뷰로 손품 발품을 조금이나마 덜어주겠다.

• **건축을 미끼로 한 계약 사기(시행):** "건축? 해줄게!" 해놓고 딴짓하는 사례. 가장 흔하고 가장 많다. 사람들의 꿈과 희망을 이용하는 고전적인 사기다. 먼저 넓은 토지를 보여주고, 여기에 각각의 지분을 매긴 다음, 개별 전원주택을 짓겠다는 청사진을 들이민다. 그 뒤 돈부터 받고 공사는 차일피일 미루는 방식. 왜 몇 개월씩 기다렸는데 안 짓느냐고 따질 때는 이미 늦었다. 다른 데 써서 돈이 없다거나 공사비가 올랐으니 돈을 더 달라거나. 진짜 철면피들이 따로 없다.

유일한 해결법은 소송이다. 그러나 승소해도 상황은 어렵다. 저쪽에 돈이 없으면 결국 끌려다닐 수밖에. 따라서 이런 일이 생기지 않게끔 철저한 사전 대비가 필요하다. 먼저 시행사의 재정이 튼튼한

지 확인할 것. 그다음 '언제까지 공사가 안 되면 책임을 묻겠다'라고 계약서에 반드시 명시할 것. 또 위약금을 넉넉하게 기재해 손해배상을 더 쉽게 받을 수 있도록 하고, 지체상금도 높게 규정하는 것이 좋다. 위약금과 지체상금은 정해진 기간에 공사가 완성돼 입주하면 지급하지 않아도 되는 것이기 때문에 이것을 죽어도 못 쓴다고 버티는 시행사는 의심할 필요가 있다.

• **건설사에 의한 사기(시공):** 역시 "건축? 해줄게!" 사례다. 이번 주체는 건설사. 명의도 없고, 돈도 없고, 돈을 받아도 다른 현장에 돌리고. 그렇게 차일피일 건축주의 꿈과 희망을 갉아먹는 이런 사기, 두 번째로 많다.

방지하는 방법은 역시 계약서가 가장 강력하다. 특히 민간건설공사 표준도급계약서, 건설업종 표준하도급계약서를 꼭 사용하자. 마찬가지로 건실한 건설사인지부터 따져보고, 위약금, 지체상금에 대한 한도를 올리는 등 적극적인 대비책이 필요하다.

• **설계사에 의한 사기:** 이번에는 견적 부풀리기다. 작은 리모델링 공사에서 흔하게 발생한다. 공사 경험이 전혀 없는 일반인은 단가에 무지하다는 약점을 악용한 것이다. 얼마나 사례가 많은지, 당장 조금만 검색해봐도 피해 사례가 줄줄 나온다.

가장 황당한 사례는 한창 공사 도중 '견적이 뻥튀기된 것 같다'라고 건축주가 직접 항의한 경우다. 이에 해당 업체가 정확한 소명은 차치하고 '괘씸해서 업체 변경하면 아예 준공허가를 못 내게 하겠다'라며 거꾸로 관련 기관에 알력을 행사하기도 한다니, 그야말로 적반하장이 따로 없다. 이것이 바로 오랫동안 관과 유착해온 악질 업체들을 서둘러 솎아내야 하는 이유다.

대비책은 역시 계약서. 처음 견적서를 받으면 가만히 있지 말고, 다방면으로 면밀하게 검토하자. 비교 견적 받기는 기본이고, 물품 단가도 스스로 검색해봐야 한다. "사람을 믿지 말고 오직 계약서를 믿으세요." 최은영 변호사가 권한, 사기를 막는 최고의 방법이다.

Q7 이웃과 간격은 어느 정도가 좋을까?

이웃과 간격이 너무 좁으면 사생활 침해가 문제고, 너무 멀면 나홀로 주택이다. 이 간격을 결정하는 핵심? 바로 마당이다. 그런데 이 크기와 간격, 내가 어떻게 할 수 있는 게 아니다. 국가가 '땅은 무조건 이렇게만 쓰라'라고 정한 방침이란 게 있다. 한번쯤 들어봤을 '국토의 이용에 관한 법률'이다.

해당 토지가 이 법에 따라 계획관리지역에 포함된다면 전체 면적 중 40%의 토지에만 집을 올릴 수 있다(지역에 따라 다름). 그럼 남은 60%는? 자연스럽게 마당이 된다. 주로 LH가 분양하는 나라마을이 여기 해당한다. '이 정도면 옆집, 앞집 간격 꽤 넓겠는데?'라고 머릿속에서만 그려볼 게 아니다. 직접 현장에 가서 눈으로 확인하라. 의외로 좁다, 답답하다고 느끼는 경우도 상당수다.

또 외곽으로 나가면 '보전관리지역'이라는 땅이 있다. 여기는 전체면적 중 20%의 토지에만 건축할 수 있다(지역에 따라 다름). 그럼 남은 80%를 마당으로 쓸 수 있다는 이야기? 정답이다. '이 정도면 거의 운동장 수준 아닌가?'라고 생각했다가 실제로 보면 '그냥저냥 평범한 시골집이네'라고 하는 경우, 의외로 많다.

예시로 든 두 가지 토지이용 형태를 어려운 말로 '용도지역'이라고 한다. 대한민국 단독·전원주택의 용도지역 대부분은 이 계획관리와 보전관리 지역이다. 그래서 마당 크기는 둘 중 하나, 40% 아니면 80%다. 이웃 간 간격도 여기서 결정 난다.

각각의 장단점? 물론 있다. 먼저 계획관리지역(마당 60%). 마을 전체가 자로 잰 듯 깔끔해 경계 분쟁이 생길 여지가 없다. 또 내부 도로나 통신, 정화조, 난방 등 기반 시설이 훌륭하다. 하지만 이웃 간격이 상대적으로 조밀해 어떤 곳은 내 집 마당이 앞집 건물에서 그대로 내려다보여 사생활 침해 우려가 있다. 게다가 바비큐 파티 연기와 소음, 반려동물 등의 민원도 대부분 계획관리지역에서 나온다.

이번엔 보전관리지역(마당 80%). 일단 간격이 시원시원해 어떤 위치든 채광과 통풍이 자유자재다. 또 넓은 마당을 텃밭, 작업실, 반려동물 놀이터 등으로 다양하게 활용할 수 있다. 하지만 정비되지 않은 외곽지의 경우 경계가 모호해 송사가 잦고, 내부 기반 시설이 부족한 경우가 흔하다.

내부 도로에 관해 알아둬야 할 것은?

"어휴, 지저분해. 왜들 저렇게 길가에 차를 대? 저러다 애라도 튀어나와 봐!"

마을 답사 영상에서 내부 도로에 길게 늘어선 주차 행렬이 보이면 대부분 이런 반응이다. 실제 답사 시 위험했던 적도 한두 번 있었고. 마을 내부 도로와 주차, 정답은 뭘까?

일단 국토교통부 도시군계획 규정 중 단독·전원마을 내부에 적용되는 도로는 '소로'다.

소로 1류: 폭 10m 이상 12m 미만

소로 2류: 폭 8m 이상 10m 미만

소로 3류: 폭 8m 미만

마을 내부 도로는 대부분 소로 2~3류다. 최근 조성된 신도시의 경우 간혹 소로 1류도 눈에 띄지만, 실제로 가장 작은 소로 3류, 즉 8m 미만만 돼도 승용차 두 대가 오가는 데 크게 문제가 없다(차폭을 1.8~2m라고 가정). 하지만 이건 도로에 주차된 차들이 전혀 없을 때 이야기. 보통 내부 도로 길 한쪽은 거의 주차장이다. 대체 왜?

"어차피 차도 별로 안 다니니, 내 집 앞 도로, 내 땅처럼 쓰면 안 돼? 누가 뭐라 그래?"

맞는다. 아무도 뭐라 하지 않는다. 땅이 내 집 앞이고, 차도 내 차니 누가 민원 넣을 일도 없다. 간혹 마을 조성이 덜 돼 나대지가 많은 경우, 낯선 외부 차량이 장기간 주차된 때가 있긴 하다. 이런 때 말고는 지자체 단속도 거의 전무한 게 사실.

원인은 하나다. 많은 집이 마당 주차장을 변형해 다른 용도로 쓰고 있기 때문. 자기 땅 안에 자리가 없으니 도로 한쪽에 차를 내놓은 것이다.

그렇다고 이것들을 다 신고 때려? 그러기엔 불법 여부도 애매하고, 그 수가 많기도 엄청 많다. 얼마나 많은지 이제 전국 어떤 단독마을에 가도 '집 앞 도로 한쪽=그 집 주차장'이 '국룰'인 정도니까.

차라리 처음 집 지을 때부터 마당 한쪽을 도로로 내서 주차장으로 만드는 것은 어떨까? 처음부터 주차 외 다른 용도로 사용할 수 없게끔 만드는 방법이다. 실제로 여러 타운하우스에서 이 방법으로 시공한 모습을 봤는데, 도로에 툭 튀어나온 나온 차가 한 대도 없어 마을 전체가 상당히 깔끔해 보였다. 또 시야가 확보돼 아이들 통행에도 좋았고, 특히 재난 시 소방, 구급차도 자유롭게 오갈 수 있어 마을 전체에 보이지 않는 안정감이 흘렀다.

꼭 이런 방법이 아니어도 좋다. 적어도 주민 모두 '차량을 길가에 대는 것만으로 여러 문제가 발생할 수 있다'라는 인식만은 꼭 가졌으면 좋겠다. 그래야 좀 더 안전하고 깨끗한 마을을 만드는, 또 다른 대안이 나올 수 있으니까 말이다.

'단독주택=조망.' 이렇게 생각하는 분들이 꽤 많다. 다들 조망, 뷰에 목숨을 건다. 리버 뷰, 마운틴 뷰, 논 뷰, 시티 뷰… 이름도 참 많다. 이것들 모두 나름의 장단점이 있으니, 하나하나 살펴보자.

• **강 조망:** 전면으로 탁 트인 개방감이 일품이다. 그런데 조심할 게 한두 개가 아니다. 강에서 가까운 곳은 습기와 안개, 벌레가 잘 꼬인다. 또 먼 곳은 조금 시간이 지나면 앞 땅에 비슷한 건물이 생겨 자칫 시야가 가려질 수도 있다.

가장 안타까운 것은 향도 좋지 않은데 무턱대고 강 뷰를 선택한 경우다. 이를테면 북향 거실에 강 뷰다. 보기엔 좋으나 단열이 취약해 난방비가 꽤 많이 들 수 있다. 충분히 고민하자.

• **산 조망:** 겸재 정선이 거실에 세 들어 살고 있나, 사시사철 눈앞에 인왕제색도가 펼쳐져 있다. 창 열고 술잔을 기울이면 안주가 필요 없을 정도. 그러나 산 조망 집은 일단 고도가 높다. 차 없인 생활이 불가능하고, 악천후에는 그야말로 '꼼짝 마'다. 또 산을 깎아 만들어 숲에서 오는 냉기, 습기, 벌레 꼬임도 심하다. 답사를 딱 한 시점에만 갔다 올 게 아니라, 계절별로 다양하게, 꼼꼼하게 살펴봐야 하는 곳이 바로 마운틴 뷰다.

• **논 조망:** 봄, 여름, 가을, 겨울, 극적인 변화를 감상하는 맛이 쏠쏠하다. 게다가 대체로 절대농지라 뷰가 영구히 훼손될 일 없어서 좋다. 하지만 농사를 어디 얌전히만 짓나. 때마다 다양하게 뿌려지는 퇴비, 농약, 어떤 곳은 불법 소각까지. '케바케'가 심한 만큼 주변에 먼저 들어온 세대가 있다면 꼭 물어서 상황을 점검하자.

• **도시 조망:** 뉘엿뉘엿 석양에 멀리서 반짝이는 건물과 차량 불빛. 심리적인 안정감은 이 시티 뷰를 따라가기 힘들다. 하지만 이런 곳은 웬만해선 다 고층 아파트 차지. 겨우겨우 엇비슷한 조망을 찾았다면? 아마 '도심지+산동네+급경사'일 게 분명하다. 차 없인 이동이 힘들고, 추가 배송비를 얹어줄 각오마저 해야 한다. 또 어떤 곳은 앞 건물로 조망이 거의 막혔는데 그 틈에 살짝 보이는 시내 모습을 일컬어 시티 뷰라고 광고하는 곳도 있으니 주의.

이렇게 어느 하나 빠짐없이 각각의 조망엔 장단점이 공존한다. 결국 최고의 조망은 각자 마음속에 있다. 그래서 '이 정도면 더할 나위 없지. 대신 이걸 얻었잖아' 하는 상대적 만족감이 더 중요하다. 그렇게 열린 마음으로 조망을 대할 때 비로소 입지는 물론 집 내부도 꼼꼼히 들여다보게 될 테니까. 아, 공장, 창고 조망(공창 뷰)만 빼고.

Q10 나와 단독·전원생활의 궁합은?

그동안의 경험을 바탕으로 자가 진단 테스트를 직접 만들어봤다. 재미 삼아 한번 해볼 만하다. ○=5점, ×=0점, 100점 만점이다.

<나는 단독·전원생활과 잘 맞을까?>

1. 늘 독립적인 생활 공간을 꿈꿔왔다. (○, ×)
2. 단독·전원주택에 살아본 경험이 한번쯤 있다. (○, ×)
3. 집에 대한 애착이 각별하다. (○, ×)
4. 부지런하다는 말을 자주 듣는다. (○, ×)
5. 현재 직장인이지만 언젠가 자영업자 혹은 프리랜서가 되는 날을 꿈꾼다. (○, ×)
6. 사람들과 함께 있어야 안정, 회복되는 스타일이 아니고 그 반대다. (○, ×)
7. 친구, 유흥 문화와 거리가 멀다. (○, ×)
8. 캠핑을 좋아한다. (○, ×)
9. 배달 음식과 친하지 않다. (○, ×)
10. 집은 '사는 것'이 아니라 '사는 곳'이라 생각한다. (○, ×)
11. 층간소음 같은 공동주택의 단점에 피로감을 크게 느낀다. (○, ×)
12. 공동주택 관리비에 대해 의문이 많다. (○, ×)
13. 부와 성공보다 나와 가족이 더 우선이다. (○, ×)
14. 가족들과 의사소통이 원활한 편이다. (○, ×)

15. 본인과 반려자 모두 운전을 할 수 있다. (○, ×)
16. 집에 정리를 잘하는 식구가 한 명 이상 있다. (○, ×)
17. 자녀를 좋은 학군에서 키우는 것보다 인성 교육이 더 중요하다고 생각한다. (○, ×)
18. 반려동물을 키우고 있고 잘 케어한다. (○, ×)
19. 도시 조망보다 숲, 강, 산 조망에 더 안정감을 느낀다. (○, ×)
20. 벌레를 별로 두려워하지 않는다. (○, ×)

75점 이상이면 단독·전원주택과 궁합이 좋다고 생각한다. 그 이하면 가족과 더 의논해볼 필요가 있다.

참고로 어떤 가정이든 단독·전원생활을 반대하는 이가 단 한 명이라도 있다면? 설득이 아니라 과감한 계획 철회를 권장한다.

당연하게도 단독·전원주택은 공동주택보다 생활 방식이 무조건 더 불편할 수밖에 없다. 입주와 동시에 설득당한 이의 불만이 자연스럽게 입 밖으로 터져 나올 것은 '안 봐도 비디오'다. 결국 억지로 끼워 맞춘 전원생활에 서서히 금이 가기 시작하는데… 뒷이야기는 더 이상 하지 않겠다. 그러니 모든 가족 구성원이 만장일치로 단독·전원주택을 원할 때, 바로 그때 움직이는 게 가장 바람직하다.

전문가, 비전문가 할 것 없이 수많은 사람이 입을 모아 말한다. '단독·전원주택은 일단 한번 살아본 다음, 본인과 맞으면 그때 들어가야 한다'라고. 그래서 단독·전원주택 전월세 매물은 언제나 인기 만점, 품귀 현상이다. 살아보는 방법은? 근처 부동산에 예약하는 수밖에. "물건 나오면 연락주세요"라고 미리 기름칠을 해두는 것이다.

하지만 나는 반대다. 거기엔 두 가지 이유가 있다.

첫 번째 이유는 '관리'다. 단독·전원주택 전월세 특성상 신축은 극히 드물고 주로 구축이 많은데, 전월세로 나온 집들은 대체로 관리 상태가 나쁘다. 세입자들이 돌아가며 살던 집을 별다른 보수도 없이 그대로 시장에 내놓기 때문이다. 세입자 입장에서는 쉽게 이해가 간다. 내 집도 아닌데 굳이 힘들게 관리할 필요가 없으니까. 또 집주인 입장도 딱히 납득이 안 가는 것은 아니다. 어차피 전월세 돌릴 건데 굳이 내 돈 들여가며 왜?

이런 집은 잡초도 벌레도 하자도 당연히 일반적인 단독·전원주택 자가보다 훨씬 많다. 결국 입주 시작부터 선입견만 잔뜩 생긴다. "이렇게 귀찮고 더럽고 노가다만 있는 게 전원생활이야?" 하며 꽁무니를 뺄 확률 급상승한다는 뜻이다.

단독·전원주택의 핵심은 누가 뭐래도 '관리'다. 귀한 도자기처럼 수시로 돌보고 닦아줘야 빛이 나는 게 집이고 마당이다. 그런데 그걸 서로 미룬다고? 게다가 누군가는 거기에 돈을 내고, 또 누군가는 그런 집을 돈 받고 빌려준다고? 한쪽은 확실한 편견을 얻고, 다른 한쪽은 점점 썩어가는 집을 얻게 될 뿐이다.

두 번째는 경험 대비 시간과 돈이 낭비된다는 것이다. 아니, 똥인지 된장인지 굳이 찍어 먹어봐야 맛을 아나? 아파트와 빌라, 어디 살아보고 들어가는 사람 있나? 보통 척 보면 이 양반이 단독·전원주택 스타일인지 아닌지 바로 답 나온다. 정 모르겠으면 바로 앞의 설문에 다시 한번 진지하게 답변해보라.

그래도 굳이 단독·전원주택에 한번 살아봐야 직성이 풀리겠다고? 거기 들어가는 돈과 최소 2년 이상의 시간은 어쩔 것인가? 전세금으로 적게는 수천 많게는 수억 원을 정해진 기간에 묵혀놔야 할뿐더러, 며칠 아니, 아무리 둔해도 한 달이면 각 나오는 전원생활을 계약 기간 2년 다 채우려고 온 가족이 고통스럽게 견뎌내야만 하다니. 여기 들어가는 시간과 돈과 에너지, 누가 봐도 확실한 낭비다.

차라리 그 시간과 돈을 여러 마을을 답사하는 데 쓰자. 여기까지 읽었다면 부동산의 핵심은 집이 아니라 입지라는 전제에 기본적으로 동의할 테다. 그러니 생각을 바꿔 집이 아니라 동네 자체를 경험해보자. 가족과 함께 주말마다 잠깐씩 동네를 탐험하듯 도는 것도 좋고, 근처로 캠핑을 가 동네 분위기를 느껴보는 것도 좋다. 아예 더 깊이, 진득하게 체험해보고 싶다면 에어비앤비나 펜션 장기 투숙도 괜찮고. 어떻게 봐도 2년 전월세보다 훨씬 더 행복하고 합리적이지 않나? 돈도 굳고, 여행도 즐기고, 그러면서 적성에 맞는지도 따져보고. 이보다 더 좋은 단독·전원생활 체험이 또 어디 있으랴!

Q12 풍수지리, 아직도 먹히나?

풍수지리가 미신인지 조상들 삶의 지혜인지는 차치하고라도, 부동산 입지와 관련이 깊다는 것은 부정할 수 없는 사실이다. 음택, 양택, 좌청룡 우백호… 다 좋다. 나름대로 의미도 있고. 그런데 이것들, 모두 옛날 옛적 호랑이 담배 피우던 시절, 전국 아무 땅이나 깃발만 꽂으면 묘 또는 집터를 맘대로 쓸 수 있던 때 이야기다(최소 풍수를 아는 자는 돈 많은 기득권층이었음을 참고).

하지만 지금은? 철저하게 국가에서 국토의 이용에 관한 법률에 따라 토지이용을 계획, 관리한다. 암만 최고의 명당이라 한들 용도가 다르면 집터로 쓰기 위해 수많은 신청과 검토를 거쳐야만 하는 것이다. 비용도 비용이지만 검토에 걸리는 시간도 6개월, 아니 1년이 우습다. 일반인에겐 그야말로 '그림의 떡'이다.

또 대한민국 웬만한 곳 대부분은 이미 개발이 끝났다. 말하자면 "저 자리가 좋으니 저기에 집을… 어라? 이미 아파트가 들어섰네?" 이런 식. 풍수가 인간의 길운 회복을 돕는 방향타로서 기능한다는 개념은 이미 수명을 다했다는 이야기다. 따라서 시중에 떠도는 사례는 전부 결과론적 재해석일 뿐. "일이 안 풀려? 저 앞에 뾰족한 바위가 보여서 그래", "일이 잘 풀려? 저 앞에 뾰족한 바위 덕분이야" 하는 식이다. 결국 어디로 이사를 가든 이런 하나 마나 한 썰, 풍수 같지 않은 풍수 이야기밖에 들리지 않는다. 참 무의미하다.

차라리 정말 살펴볼 것이 있다면 풍수가 아닌 '동네 분위기'다. 분명 어떤 마을이든 특유의 공기와 온도, 냄새라는 게 있다. 이것들은 차에서 발을 딱 내딛자마자 순식간에 피부로 스며드는데, 직감적인 것이라 도저히 이성이 작동할 틈을 안 준다. 어떤 곳은 당장 베고 눕고 싶은 이부자리처럼 편안하고, 어떤 곳은 서둘러 자리를 뜨고 싶을 만큼 불쾌하다. 이런 분위기와 감, 놀랍게도 많은 사람이 집터를 고르는 데 결정적인 요소였다고 한목소리로 말한다.

물론 사람마다 느끼는 정도는 다 다르다. 유독 감이 예민한 사람도 있고, 조금 둔감한 사람도 있고. 그러니 오직 답사가 답이다. 많은 곳을 돌아다니며 본인의 오감과 동네 분위기, 그 '싱크로율'이 오차 없이 딱 들어맞는 곳을 꾸준히 찾아보자. 그 어떤 전문가보다 자신의 촉만큼 뛰어난 바로미터는 세상에 없으니까.

Q13 단독주택의 투자처로서 가치는?

한때 토지투자 광풍이 몰아쳤던 적이 있었다. 노무현 정부 때다. 역시 아파트와 함께였는데, 경기 외곽은 물론 충남, 세종까지 땅값이 기형적으로 올랐다.

하지만 지금은? 상황이 달라졌다. 이제 '부동산=아파트'라는 공식, 콘크리트처럼 더 단단해졌다. 베이비붐 세대의 뒤를 받쳐줄 새로운 수요층인 MZ세대에게 단독·전원주택, 즉 토지는 부동산이 아예 아니기 때문이다. 그들에게 투자처 개념의 부동산은 오직 거래가 쉽고 빠른 아파트만이 전부다.

왜 그럴까? 단순히 거래가 편해서? 그것도 물론 중요한 이유이기는 하다. 하지만 더 큰 이유는 '경험한 적이 없어서'다. 생각해보라. 그들은 아파트에서 태어나 지금껏 쭉 아파트에서만 자랐다. 땅, 흙에 대한 추억과 동경? 지금도, 앞으로도 있을 리가 없다. 가장 큰 구매자들이 이러니 당연히 투자처로서 가치는 별로 기대하기 어렵다. 수요가 받쳐줘야 가격이 오를 것 아닌가.

그러니 아예 처음부터 단독·전원주택용 토지 또는 집으로 시세차익을 보려는 생각, 깔끔하게 접으란 이야기다. 그런데도 여전히 묻는다. "이 땅, 갖고 있다 팔면 돈 될까요?"

아, 되긴 된다. 딱 물가상승률만큼만. 이는 투자 관점에서 오히려 마이너스다. 차라리 당신 생각을 바꾸는 편이 여러모로 낫다. 단독·전원주택에 들어오려면 돈은 다른 데서 버는 편이 훨씬 좋다고.

Q14 벌레는 어떻게 할까?

단독·전원주택 초심자가 가장 두려워하는 게 바로 벌레다. 솔직히 아파트보다 많이 나오기는 한다. 그런데 어디에 집이 위치하느냐,

즉 입지에 따라 그 종류와 양이 다르다. 어디에 어떤 종류가 살고 있느냐고? 나도 잘 모른다. 굳이 알고 싶지도 않고. 대신 장소별로 벌레가 터 잡고 살기 알맞은 환경쯤은 미리 알아두면 좋겠다.

- **강 조망:** 벌레의 고향이다. 한겨울 빼곤 늘 붐빈다. 물속에 알을 낳는 경우도 많고. 강물, 바닷물 모두 동일하다.

- **산속 그늘진 곳:** 습기가 많아 최적의 환경이다. 땅 위뿐만 아니라 속에도 많다. 이런 곳은 방충망도 큰 도움이 못 된다. 특히 한여름 밤에는 불 켜기가 겁날 정도로 모여든다.

- **큰 나무 아래:** 자칫 위에서 떨어지는 '벌레 비'를 맞을 수도 있다. 낙엽이나 다 익은 과실이 떨어져 지붕이 더러워지는 것은 덤이다.

이런 장소들은 사실 우리 인간이 단독·전원주택을 짓기 딱 좋아하는 곳이다. 멀리서 보면 아름답지만 가까이서 보면 벌레와 치열한 전쟁을 벌이고 있었던 것이다. 그런데 엄밀히 말해 벌레는 세상 어느 곳에나 다 있다. 생활권이 겹치지 않는 곳? 지구 어디에도 없다. 또 아무리 살충제를 치고 곳곳에 약을 놓아도 들어올 놈은 다 들어온다. 배수구, 환풍 통로, 건물의 틈새 또는 사람 몸에 붙어서.

단독·전원생활을 하면 유독 벌레와 친해질 수밖에 없는 이유는 뭘까? 아파트보다 훨씬 더 깊숙한 그들의 생활권 속으로 우리가 '자진해서' 들어가기 때문이다. 방귀 뀐 놈이 성낸다고, 그들이 사는 곳을 우리가 침범해놓고 너희는 들어오지 말라고, 저리 가라고 설치는 꼴이다. 뭐 어쩌랴. 하필 적진 한가운데 자리 잡았으니, 그저 보이는 대로 퇴치하며 싸움을 이어갈 수밖에.

한 가지 희망은 우리 인간의 냄새가 벌레 입장에서 굉장히 고약하다는 것. 한 1년 살다 보면 깜짝 놀랄 때가 온다. 그 많던 벌레들이 하나둘 사라져버리는 순간이다. "옜다, 이 집터 너희 가져라! 우리가 나간다!" 벌레도 인간과 인간 냄새가 싫은 것이다. 결국 벌레는 생존을 위해 삶의 터전을 과감하게 포기하기로 결정. 드디어 우리가 이겼다. 참고 버텨낸 보람이 있었다! (벌레: 웃기시네. 마당에서 또 한판 붙어보자고!)

Q15 과연 안전한가?

단독주택과 아파트, 둘 중 어느 곳이 더 안전할까? 우선 보안부터 살펴보자. 겉으로는 단독주택이 훨씬 더 보안에 취약해 보인다. 뛰어넘기 쉬운 담장, 대문 말고도 다양한 침입 루트. 이러니 도둑들도 아파트보다 단독주택을 더 선호'했'다고 한다. 주의, 과거형이다. 그럼 지금은?

일단 구석구석 CCTV가 든든한 방범대원 역할을 한다. 이제 수도권 웬만한 곳은 거미줄보다 더하게 촘촘하게 설치됐다. 또 캡스 같은 사설 방범 업체의 도움을 받는 집들이 거의 두 집 걸러 하나 꼴이다. 그래서 얼떨결에 중간에 낀 집도 무료 보안 혜택을 누린다.

게다가 길가에 대놓은 자동차 블랙박스. 이것들도 무시 못 한다. 평소 불법 주차라며 욕을 한가득 먹어도 24시간 돌아가는 카메라가 동네 평화에 힘을 보태니 할 말이 없다. 이렇게 단독주택 치안은 예전과 비교할 수 없을 정도로 탄탄해졌다.

실제 주민 의견도 이와 비슷하다. 처음엔 겁나서 높고 튼튼한 울타리를 쳤다가도 나중에는 괜한 데 돈 썼다며 후회하는 경우가 많다. 여기엔 이웃과 유대로 만들어진 심리적 안정도 한몫한다. 굳이 보안이나 위급상황까지 갈 것도 없다. 널어둔 빨래 하나 바람에 날려와도 카카오톡으로 즉시 알려주는 게 동네 인심이다(물론 일반적인 경우에 한정). 이래서 나 홀로 주택보다는 마을, 단지 위주의 단독·전원주택을 권하는 것이다. 적어도 치안 문제만큼은 혼자 있는 것보다 함께 있는 게 훨씬 더 유리하니까.

잠깐, 보안이야 그렇다 쳐도 화재나 재난은? 그것도 단독·전원주택 쪽이 훨씬 더 우위다. 그동안 화재나 장마로 뉴스에 오르는 대상은 대개 공동주택이었다. 좁은 땅 안에 사람이 너무 많이 모여 살아서 그렇다. 반면 단독·전원마을은? 인구 밀도가 무척 낮다. 거의 방목 수준. 흔한 시골 동네를 떠올려보자. 뭔 일 터지면 그냥 소 끌고(귀중품 챙기고) 몸만 몇 미터 밖으로 나가면 끝이다. 얼마나 쉽고 단순한가! 아파트처럼 완강기, 방화벽 같은 보조 기구나 시설 또는 주민들의 협동심, 질서 의식 따위에 기댈 필요가 전혀 없다. 이 정도면 단독의 압승 아닌가?

Q16 집 관리는 어떻게 할까?

대한민국 사람들이 선호하는 유럽 관광지 중 하나는 바로 스위스 전원마을이다. 엽서, 달력에나 나올 법한 그림 같은 마을을 둘러보며 '나도 저렇게 살고 싶다'라고 부러워한다. 하지만 현실은 매우 어렵다. 많은 한국인은 이미 아파트에 완벽하게 길들여졌기 때문이다. 편리함, 개인주의, 재테크, 이 세 박자가 절묘한 하모니를 만들었다. 이제 우리나라에서 집은 곧 아파트가 돼버렸을 정도니까. 아니라고? 마음 깊은 곳에선 "저 푸른 초원 위에 그림 같은 집"을 늘 꿈꾼다고? 그렇다면 지금부터 인정사정없는 반박 들어간다.

많이들 착각한다. 단독·전원주택을 내 것으로 갖기만 하면 꿈은 다 이룬 것이라고. "야호, 이제 아이들과 마당에서 신나게 뛰어놀고, 반려견 놀이터도 꾸며주고, 매일 바비큐, 캠핑 하고 즐겁게 살아야지!" 좋다, 다 할 수 있다. 그런데 그거, 준비하고 치우는 것은 누가 하지? 매일 놀다 보면 자주 고장이 날 텐데 시설물 수리, 보완은? 소음이나 냄새 민원은? 이쯤 되면 놀랍게도 반응이 전부 똑같다.

"어? 남편이나 아내나, 뭐 누군가가 하지 않을까?"

단독·전원주택은 아파트처럼 알아서 다 관리되는 편리한 집이 아니다. 사놓고 좋다고 '플렉스'만 하면 집 금방 상한다. 요즘 반려묘를 돌보는 사람을 '집사'라고들 한다. 원래 집사는 '집(단독주택) 전체를 돌보고 관리하는 사람'을 일컫는 말. 즉, 용어 자체가 단독주택에서 나온 것이다. 그렇게 스스로 진짜 집사가 돼야만, 집 전체를 항상 세심하게 가꿔주고 돌봐줘야만 제대로 된 단독·전원생활이라고 할 수 있다. 그런데 그걸 안 하겠다고? 스스로 집사가 되길 거부하겠다고? 그렇다면 이후 시나리오는 이렇다.

집은 곧 엉망이 되고, 거길 드나들면서 짜증과 불화가 계속 쌓이고, 결국 '전원주택은 살 곳이 못 된다'라는 편견에 가득 차 부동산에 매물로 내놓지만, 그마저도 한참 팔리지 않아 고통받다가(안 그래도 거래가 뜸한데 관리 안 된 집은 더 안 팔린다!), 겨우 헐값에 던지고 간신히 아파트로 돌아간다.

참 안타깝다. 하지만 주변에서 종종 벌어지는 실화다. 돈 버리고 허송세월하고. 가만, 생각해보니 이 관계, 실제 반려동물과 주인의 그것과 많이 닮았다. 실제로 반려동물 전문가 강형욱은 책《당신은 개를 키우면 안 된다》에서 '평생 함께할 가족처럼 개를 돌보지 못한다면 차라리 입양하지 않는 편이 낫다'라고 말했다. 어떤가, '개 키우기'가 정확히 '전원주택 관리'로 치환되지 않나?

결론, 스스로 집사가 될 생각이 없다면 단독·전원생활은 처음부터 엄두도 내지 말 것. 아, 돈 내고 관리인 쓰겠다고? 그럼 이야기가 다르다. 하지만 그럴 돈조차 없다면? 차라리 지금처럼 아파트에 살면서, 주말에 가끔 캠핑이나 다니는 편이 가족들 정신건강에 훨씬 이롭다.

자, 이렇게까지 세게 이야기했는데도 꼭 하고 싶다면… 그땐 가족과 합의를 좀 해야 한다. 우리 부부의 경우를 보자. 내가 바깥일을 하면 아내는 집안일을 한다. 정확히 50:50. 힘들어도 예외는 없다. 또 잔디 깎기처럼 손이 많이 가는 일은 무조건 함께한다. 이때는 아이도 돕는다. 그야말로 온 가족이 집사가 되는 것이다. 아, 이것도 솔직히 좀 힘들 것 같다고? 그럼 다시 한번 진심으로 권한다. 이쪽은 아예 쳐다도 보지 말라고. 당신은 단독·전원주택에 살면 안 된다고.

Q17 병원 가까운 입지를 찾는 방법은?

최근 부모님께서 교통사고를 당하셨다. 두 분도 나처럼 수도권 외곽의 상가 겸 단독에 사시는데, 자차로 병원 치료와 장을 보러 시내에 가시다 벌어진 일이었다. 아버지는 오른쪽 눈을 잃으셨고, 어머니는 여러 군데 골절로 몇 달째 후유증과 싸우고 계신다. 사고 원인은 요즘 화두인 노인 운전 부주의. 애당초 차 키를 뺏지 못한 게 한이다.

그래서 근 두 달 넘게 부모님을 모시고 근처 종합병원을 내 집처럼 드나들었다. 그러면서 든 생각, '아, 좀 멀구나. 대중교통으론 꽤 불편하겠구나. 이래서 굳이 자차로 나가시려 했구나.' 속상한 마음에 "아니, 그 연세에 왜 운전대를 잡으셔서 이 난리야!"라고 호통부터 친 나 자신이 무척 부끄러워진 순간이었다. 결국 따져보면 사건의 발단 역시 병원, 시내가 집과 멀어서 벌어진 일. 가까웠더라면 처음부터 없었을 일이기도 했다.

이번 일로 크게 깨달았다. 이래서 나이 들면 병원 근처에 살아야 하는구나! 하지만 단독·전원주택과 종합병원, 두 마리 토끼를 한꺼번에 잡는다? 글쎄, 물론 그런 입지야 찾아보면 의외로 많다만 병원이 가까울수록 가격 부담 역시 심해진다. 내가 직접 구글맵으로 정리한, '단독·전원마을 지도'만 봐도 금방 알 수 있다(유튜브 〈찍사홍〉 채널 멤버십 한정 제공). 만일 당신의 경제력이 평범하다면 단독이면 단독, 병원이면 병원, 둘 중 하나를 선택할 수밖에.

그렇다고 우리의 꿈인 주거 독립을 포기하랴? 절대로 그럴 순 없지! 병원 근처를 원하는 노년층에게 꼭 맞는 입지, 크게 세 가지로 정리했다.

첫째, 지도상 종합병원과 반경 10km 이내 입지를 찾을 것(지도에서 반경 체크). 여기라면 구급차로 30분 안쪽에 병원까지 충분하다. 응급 상황뿐만 아니라 추후 통원까지 고려한 마지노선이다. 가격도 가격이지만 최근 조성된 단독·전원마을이라면 어렵지 않게 조건을 충족하니 부담도 적다. 차선책으로 지역민들이 애용하는, '응급실이 갖춰진 중형 병원' 역시 후보에 넣는 것도 잊지 말자.

둘째, 정 없다면 근처 도시계획을 잘 살펴보고 향후 5년 이내 큰 병원이 개설될 곳에서 10km 이내 위치를 고를 것. 당장 신변에 큰일이 없어야 한다는 전제다.

마지막은 다른 관점이다. 지금까지는 단독·전원마을을 중심으로 여러 인프라를 고려했다면, 발상을 바꿔 '병원을 중심에 놓고' 인근 거주지를 찾아보는 것이다. 꼭 마당 있는 이층집만 주거 독립인가? 구옥이나 다가구, 상가주택도 충분히 괜찮은 선택지다. 또 여건만 된다면 아예 멀찍이 떨어진 단독·전원주택을 세컨드 하우스로 돌리고, 병원 근처 아파트 혹은 빌라를 추가로 얻는 것도 하나의 대안이 될 수 있다.

'나이 들면 병원 옆에 살라고? 이건 건강하지 않은 사람 한정 아닐까?' 솔직히 과거에는 이렇게 생각했다. 하지만 부모님의 일을 계기로, 이제는 반론의 여지 없이 100% 동의하게 됐다. 이쯤에서 다시 한번 단독·전원주택 초심자에게 강조한다. 큰 병원(또는 응급실 포함 중형 병원), 반드시 중요 입지 항목에 꼭 넣자. 그래야 언제 닥칠지 모르는 사건 사고와 그 후를 충분히 대비할 수 있으니까 말이다.

Q18 실제로 텃세가 심한가?

텃세. 사전에서는 '먼저 자리를 잡은 사람이 뒤에 들어오는 사람에 대해 가지는 특권 의식. 또는 뒷사람을 업신여기는 행동'이라고 정의한다. 여기 단독·전원마을에서는 지방으로 갈수록, 마을 단위가 작아질수록 더 심해지는 경향이 있다. 주로 오래된 마을에 새로운 가구가 입주할 때 발생하는데, 공사 방해, 마을 찬조금 강요는 흔한 일이고, 노동력 품앗이 요구, 물품 도난, 쓰레기 투척 등 상상을 초월하는 범법행위가 자행되기도 한다.

그런데 생각할수록 아이러니다. 현재 수도권을 뺀 나머지 지역에서 인구가 급속도로 감소 중이라는 사실은 삼척동자도 안다. 또 '이러다 동네가 지도에서 사라지겠다'라며 무료 귀촌 교육에 무이자 대출 등 지자체 차원에서도 다방면으로 노력 중인 모습이고. 하지만 실상은 곳곳에서 여전히 텃세가… 도무지 앞뒤가 안 맞아 보이지만 안타깝게도 사실이다. 유튜브 〈찍사홍〉 채널에서 '살아봤더니'를 검색해보라. 많은 사람이 피눈물 흘리며 기록한 텃세 후일담을 영상으로 확인할 수 있다.

물론 다 그런 것은 아니다. 대다수의 귀농, 귀촌은 성공적이다. 하지만 열에 한둘 일어나는 이런 텃세 때문에 시골 마을 전체에 대한 인식이 나빠진다. 그중에서도 가장 큰 문제는 '딱 어느 마을이 이렇다'라고 특정할 수 없다는 점. 언제 어디서 누구에게 당할지 모른다는 생각은 소위 '텃세 공포심'으로 발전하고 바이러스처럼 점점 확산된다. 결국 시작도 하기 전에 예비 귀농·귀촌인의 마음을 돌아서게 만드는 계기가 된다.

해답은 하나다. 그냥 처음부터 새로 생기는 마을에 들어가는 것이다. 먼저 자리 잡고 앉아 있는 사람이 아예 없어서 입주민 모두 동등하게 출발할 수 있는 그런 곳. 그런데 거길 어떻게 아느냐고? 여러 후기들을 종합해봤을 때, 마을이 생긴 지 대략 10년 안쪽인 동네라면 믿음직하다. 이런 곳은 다들 초짜라 본인들 건사하기 바빠 텃세 따위 끼어들 틈이 없다.

그 이름도 고약한 텃세. 나도 당했고 내 부모님도 당했다. 한번 된통 겪었더니 시골 사람 자체가 싫어지는 것은 어쩔 수가 없더라. 그래서 오래된 시골 마을은 암만 고즈넉하고 아름다워도 쉽게 권하기 어렵다. 텃세는 피할 수 있으면 무조건 피하길.

Q19 부동산과 어떻게 소통해야 할까?

아무리 사기꾼, 협잡꾼이라 욕먹어도 지역 정보를 누구보다 빠르게 수집하고 매물을 가장 많이 확보한 곳으로는 역시 오프라인 부동산만 한 게 없다. 하지만 외곽 지역 단독·전원주택 전문 부동산을 조금이라도 돌아본 사람이라면 알 테다. 그들은 보통 '능구렁이', '선수 중의 선수'로 불린다는 걸. 과연 어떻게 해야 그들과 효과적으로 소통할 수 있을까? 방법은 아래 세 가지, 무조건 따라 하자.

첫 번째, 전화부터 걸어라! 시작은 무조건 전화다. 찜해놓은 지역의 동네 부동산 대여섯 군데를 수첩에 적은 뒤, 날 잡고 하나하나 전화를 돌려보자. 수화기 너머로 '여보세요' 한마디만 딱 들어보면 바로 감이 올 것이다. 이 부동산이 나한테 잘해줄 것인가, 아닌가. 미팅도 첫 5초면 성패가 갈리지 않는가. 그렇게 어느 정도 대화가 통할 것 같은 부동산 몇 군데를 고른 다음에 약속을 잡아 미팅을 하고 함께 답사를 다니자. 그다음 아무런 확답도 하지 말고 그대로 돌아오자. 일단 딱 여기까지만 하자.

만일 전화부터 걸지 않고 바로 근처 아무 부동산에 문 박차고 들어가 버리면? 대개 상황이 이렇게 흘러간다. 일단 이 양반들, 손님이 들어와도 반기지를 않는다. 아니, 오히려 사람을 위아래로 훑어보고 먼저 경계한다. "집 알아보러 왔는데요"라고 겨우 입을 떼면 '꼰대' 상사처럼 훈계질 시작. '전원주택 공부는 좀 했느냐?', '여기가 어떤 곳인지 알고는 왔느냐?' 등. 거래 경험이 없다면 여기서부터 기가 바짝 죽을 테다.

아, 그 정도는 예상했다고? 그럼 호기롭게 당장 집부터 보여달라고 해보자. 아마 어떤 핑계를 대서든 거부할 것이다. 과연 선수요, 능구렁이다. 계약할지 안 할지도 모르는 뜨내기에게 아까운 시간과 기름값 낭비하기 싫다는 뜻이니까.

물론 "어휴, 그러니까 부동산이 욕을 먹지. 어쩜 고객 응대를 저따위로 해?"라고 할 수도 있다. 하지만 이게 전적으로 부동산만의 잘못일까? 그렇지 않다. 사람으로서 당연한 본능일 수 있다. 입장 바꿔 한번 생각해보자. 만약 당신이 부동산이라면 작게는 수천만 원에서 크게 수억 원까지 오가는 묵직한 거래를 할지도 안 할지도 모르는 낯선 이에게 일일이 정성을 다해가며 제안할 수 있을까? 여간해서는 쉽지 않을 것이다.

그래서 일단은 전화기부터 들라는 것이다. 깜빡이도 안 켜고 갑자기 훅 들어가면 상대는 당황하고 경계하기 마련이다. "나 들어가요" 하고 손님 쪽에서 먼저 신호를 주고 천천히 접근하자. 그러면 없던 친절도, 호감도 자연스럽게 올라온다. 꼭 명심하자. 부동산은 무조건 전화다.

두 번째, 공부하라! 전화 걸고, 돌아가며 몇 군데 답사까지 해봤다면, 다음 할 일은 공부다. 사실 이건 순서에 관계가 없다. 해당 지역의 정보를 먼저 조사하고 부동산 중개인과 만난다면 초반에 금방 친밀감이 형성될 수 있으니 더 좋다. 하지만 너무 늦게 공부하거나 아예 공부하지 않는 것은 절대 금물. 뭘 공부하느냐고? 단독·전원주택 기본 상식은 물론이고, 해당 부동산 실거래가, 토지이용계획, 최신 지역 뉴스 정도는 충분히 숙지하고 미팅을 이어가자. 아니, 최소한 단독·전원주택을 1도 모르는 생초짜가 돈과 환상만 가지고 겁 없이 달려드는 인상을 주는 것만은 꼭 피하자.

대체 왜? 앞서 말했듯 상대는 지역에서 닳고 닳은 선수다. 무턱대고 덤볐다간 당하기 딱 좋다. 가격 담합, 뒷거래, 허위 매물 등 그들이 초심자를 골탕 먹이는 방법은 열 손가락에 차고도 넘친다. 그러니 이쪽에서 먼저 야무지게 공부하고 들어가는 모양새를 보여줘야 한다. 그래야 저쪽도 헛된 욕심을 애초부터 접을 테니까.

세 번째, 믿고 밀어붙여라! 입지도 골랐고 부동산 중개인과 지금까지 충분히 대화도 했다. 그런데도 많은 사람이 결정적인 순간에 부동산을 바꾼다. "저쪽이 더 싼 것 같아", "중개사가 불성실해" 등 이유도 각양각색이다. 그래, 사람이니까 흔들리고 돌아서는 걸 어쩌랴. 함께한 시간이 아쉽지만 서로에게 합리적인 선택이길 바랄 뿐.

하지만 그중에서도 제발 이것만은 하지 않았으면 하는 게 있다. 바로 여태껏 함께했던 부동산 몰래 이장님 같은 동네 어르신에게 매도자를 소개받은 다음, '부동산 빼고' 뒤로 직거래를 하는 것이다. 작은 동네에서 소문은 금방이다. 부동산과 매도자, 동네 어르신 입장에서는 당연히 서로 빈정이 상했을 테고, 그들도 거주민인지라 속상한 마음이 입에서 입으로 흐른다. 결국 들어와 사는 구매자 입장에서는 돈 몇 푼 아끼겠다고 시작부터 동네 인심 다 잃는 셈이 돼버리고 만다.

백번 양보해서 사람 마음이야 그럴 수 있다 치자. 더 큰 문제는 부동산 물건에 대한 검증과 보증이 전혀 되지 않은 채로 계약이 성사됐다는 것이다. 아무리 이장님이 동네 소식에 빠삭해도 공인중개사 자격증만큼 믿음이 갈까. 그러다 나중에 숨겨진 하자라도 발견된다면? 자칫 호미로 막을 것을 가래로 막아야 할 일이 생길 수도 있다.

이 대목에서 잊지 말아야 할 게 있다. 우리는 투자용 물건을 최대한 싸게 매입하려는 게 아니다. 직접 들어가 살 땅과 집을 고르는 것이다. 따라서 동네에 얼굴이 팔리는 게 당연하다. 그러니 정정당당, 원리원칙이 최고다. 부동산과 일이 잘 안 돌아간다고? 그럼 정중하게 직접 말하고 다른 곳으로 갈아타라. 타 업소와 가격이 다르다고? 만나서 왜 그런지 따져라. 그들이 합당한 이유를 대지 못하면 그때 돌아서도 결코 늦지 않다.

결론은 진득하게 스스로 고른 부동산을 한번 믿어보자는 것이다. 어차피 낯선 동네, 낯선 사람이다. 어설픈 직함과 돈 몇 푼에 기대느니 차라리 공인중개사 자격증 한 장이 더 무게감 있지 않나(요즘은 아니라고 하겠지만 그래도!). 자신의 오감을 당기게 한 바로 그 사람을 믿는 것이야말로 곧 자신의 선택을 믿는 것이기도 하니 말이다.

Q20 답사에서 꼭 지켜야 할 에티켓은?

단독주택에서 10년을 살아보니 나처럼 답사, 임장을 도는 사람들이 꽤 많은 것 같다. 특히 주말에는 동물원 사파리 돌 듯 창문 내린 차들이 집 앞으로 꼬리에 꼬리를 물며 지나간다. 나도 단독·전원마을 답사가 취미이자 업이다 보니 그 마음 이해한다. 하지만 가끔 기본적인 매너가 없는 사람들이 있어 눈살이 찌푸려진다.

그래서 만들었다, 꼭 지켜야 할 답사지 에티켓 네 가지. 길 떠나기 전에 무조건 한 번씩 읽어보자. 답사지에서 우연히 거주민들과 만났을 때 반가운 눈인사는 못 하더라도 최소 진상 취급만은 피해야 할 것 아닌가.

첫 번째 에티켓, 거주 공간임을 잊지 말 것. 단독·전원마을은 대개 한적하고 외딴곳이 많다. 평일 낮엔 길가에 사람도 별로 없어 외부인이 접근하면 바로 티가 난다. 집 안에서 안 볼 것 같아도 다 본다. 따라서 낯선 이가 두리번거리며 동네를 관찰하는 것 자체가 마을 사람들에겐 영 불편한 일이다. 나만 해도 그렇다. 집 앞에 삼삼오오 서서 손가락질하며 떠드는 모습, 불편을 넘어 불안하기까지 하니까.

그러니 마을 내부는 되도록 '빠르게 걷기'로 스캔하듯 지나가자. 산책 나온 사람처럼 말이다. 그래야 동네 사람이 경계심을 갖지 않는다. 그 정도만으로도 동네 공기와 분위기를 충분히 느낄 수 있고.

아, 차를 타고 지나가도 되기는 된다. 다만 시속 10km 이하로 천천히 움직여야 좀 보이는데, 운전하랴 구경하랴, 솔직히 쉽지 않다. 늘 말하지만 되도록 내려서 걷자. 마을이 크다면 구간을 나눠서 쉬엄쉬엄 걷는 것도 방법이다.

가끔 답사 시간이 정해져 있느냐고 묻는데, 없다. 그냥 사람 사는 동네인데 그런 게 있을 리가. 다만 관광지를 겸한 마을이라면 관람 시간이 정해져 있을 수 있으니 참고할 것.

두 번째 에티켓, 차량은 꼭 나대지 앞에. 이런 곳에서 주차 걱정은 할 필요가 없다. 길가에 댈 곳이 널렸다. 살아보지 않은 사람들은 불법 주차라며 혈압을 올리지만, 마을 내부 도로 중 소로 3류(8m) 이하라면 집 앞 도로 한쪽을 본인 주차장으로 써도 누가 뭐라 하지 않는다(자세한 내용은 3부 'Q8. 내부 도로에 관해 알아둬야 할 것은?'을 참고).

상황이 이러니, 외부인이라면 주차에 더 신경 써야 한다. 남의 집 앞에 자리 비었다고 그냥 댔다가는 그 집에 온 손님으로 알거나, 자칫 집주인에게 차 빼달라는 전화를 받을 수도 있다. 처음에는 쉽게 이해가 안 될 것이다. '앵, 분명 집이 아니고 일반 도로인데? 다른 차들도 다 한쪽에 댔는데 왜 나만 갖고 그래?' 이는 앞서 말한 단독·전원마을 주차의 특성을 몰랐기 때문이다.

그러니 차를 가져왔다면 처음부터 편하게 근처 나대지 앞에 대자. 거기라면 누구의 전화도, 간섭도 받지 않을 것이다. 게다가 이런 빈 땅은 곳곳에 있다. 주위를 찬찬히 돌며 살피다가 빈 땅 앞에 자리가 보이면 바로 대자. 무료 주차장이다. 또 혹시 모른다. 거기가 당신의 평생 주차장이 될지!

세 번째 에티켓, 담장 안쪽은 촬영 자제. 가끔 담장 너머로 카메라를 들이미는 사람들이 있다. 안 된다. 사생활 침해다. 법적으로도 경계선 안쪽은 사유지다. 담장이 아예 없다면 경계석으로 구분하자. 또 정 사진을 찍고 싶다면 서너 집을 묶어서 동네 전체를 함께 스케치하듯 찍자. 특정 개인이 아닌 불특정 다수가 돼 법에 저촉되지 않는다. 덧붙여 요즘은 카메라 화소가 워낙 좋아서 그렇게 찍어도 담장, 대문, 외벽 같은 디테일은 충분히 잘 보인다.

네 번째 에티켓, 골목길에서는 소곤소곤. 단독·전원마을은 원체 조용하다. 대화 소리, 전화벨 소리, 심지어 발걸음까지도 집 안에서 느껴질 정도다. 그러니 웬만하면 작은 목소리로 말하자. "우리 답사 온 뜨내기예요"라고 소문낼 게 아니라면 말이다.

심지어 어떤 사람들은 집집에 벨을 누르곤 "여기 평당 얼마예요?"를 시전하곤 한다. 그야말로 무식하면 용감하다. 초기 입주자야 자신의 무용담을 풀고 싶어 가끔 응대해줄 때가 있다만, 대개는 사이비 종교 강제 포교만큼이나 무례한 행동이다. 그렇게 궁금하면 벨 누를 시간에 당장 네이버 부동산, 랜드북, 디스코 같은 부동산 사이트부터 열어보라. 10초도 안 걸려 따끈따끈한 최신 거래가를 바로 확인할 수 있다. 그 정도 수고도 귀찮다면 단독에 올 자격이 없다.

아, 가끔 인기척에 동네 개들이 먼저 반응할 때가 있다. 절대 다가가서 쓰다듬거나 먹이를 주지 말자. 거기 동물원 아니다. 엄연히 개인 주택이고, 개인 반려동물이다. 그저 조용하고 빠르게 지나가는 게 예의다. 입장을 바꿔 만약 당신의 개라면 다른 사람 손 타는 게 마냥 반가운 일이겠는가.

수도권 단독·전원주택 지도

초판 1쇄 인쇄 2023년 8월 30일
초판 1쇄 발행 2023년 9월 13일

지은이 홍진광(찍사홍)
펴낸이 이승현

출판2 본부장 박태근
MD독자 팀장 최연진
편집 진송이
디자인 윤정아

펴낸곳 ㈜위즈덤하우스 **출판등록** 2000년 5월 23일 제13-1071호
주소 서울특별시 마포구 양화로 19 합정오피스빌딩 17층
전화 02) 2179-5600 **홈페이지** www.wisdomhouse.co.kr

ISBN 979-11-6812-759-3 03320